Manuela Widmer
Alles, was klingt

W0172734

praxisbuch kindergarten

Inhalt

Dank

Nachdem ich dieses Buch nun glücklich abschließen konnte, wurde mir wieder einmal bewußt, wieviel meine Eltern dazu beigetragen hatten, indem sie mir eine Kindheit bescherten, die voller Klingen und Singen, Musizieren und Zuhören, Erzählen, Spielen und Feste feiern war. Ich weiß nicht, ob ich je im Stande gewesen wäre, mir so viele Spiele einfallen zu lassen, wenn ich nicht aus dem vollen meiner Erinnerung und meiner persönlichen Erlebnisse hätte schöpfen können.

Lange saß ich am Schreibtisch. Viele Wochen, viele Stunden am Tag gingen ins Land, bis ich die letzte Seite geschrieben hatte. In dieser Zeit brachte mir mein lieber Mann Michel viele Liter Tee und Kaffee, kochte so manches schmackhafte Essen und half mir nebenbei außerdem noch durch Korrekturlesen und mit Beschreibungen für den Instrumentenbau. Vor allem aber machte er die vielen Fotos und verbrachte mit mir dafür mehrere Tage mit den Kindern des Kindergarten Hallein-Neualm, denen ich natürlich an dieser Stelle mitsamt ihren Erzieherinnen auch herzlich danken möchte!

Meinem Kollegen Stefan Heidweiler möchte ich danken für die anregenden Gespräche über Instrumentenbau. Er stellte mir auch eine Reihe besonders schöner selbstgebauter Saiteninstrumente zur Verfügung, deren Fotos nun in diesem Buch zu bewundern sind und die hoffentlich zum Nachbau anregen.

Allen Kindern, die in den letzten Jahrzehnten mit mir gespielt haben, allen Kolleginnen und Kollegen, von deren Erfahrungen ich lernen durfte, allen Erzieherinnen und Erziehern, die mir viel aus ihrer Praxis erzählt haben, sei auch hier gedankt.

Hallein, im Winter 1996/97   *Manuela Widmer*

Vorwort

„Verwenden Sie Orff-Instrumente im Kindergarten?"

Die Antworten auf diese Frage sind vielfältig, von zögerlich und unsicher – „Ich weiß nicht so recht, was man damit macht" – bis resignierend und enttäuscht – „Unser Instrumentarium ist dringend ergänzungsbedürftig, aber es fehlt das Geld. Mit den halbkaputten Instrumenten macht es mir und den Kindern keinen Spaß." Aber auch ablehnend, oftmals aus Uninformiertheit und Unsicherheit – „Das ist doch ein alter Hut! Außerdem muß ich innerhalb des Wochenplans heutzutage so viel unterbringen, daß mir dafür einfach die Zeit fehlt!"

Solche Meinungen sind verständlich – niemand kann alles können, wollen und auch durchführen. Aber ich möchte Mut machen, sich neuen Inhalten aufzuschließen, Interesse, Neugierde und Experimentierfreude zu entwickeln; Mut machen, die zur Verfügung stehenden Instrumente einzusetzen, selbst welche zu bauen, sich unermüdlich aber auch für Neuanschaffungen stark zu machen und immer wieder Kurse zu besuchen, um neue Anregungen für den Umgang mit dem Orff-Instrumentarium zu bekommen.

Ansprechen möchte ich gerne die Skeptiker ebenso wie die Interessierten, die Unerfahrenen im gleichen Maße wie die Erfahrenen. Mein Bemühen geht dahin, möglichst vielen Zweifeln, Unsicherheiten, Fragen und Problemen im Umgang mit dem Orff-Instrumentarium mit umfassender Information zu begegnen und durch eine Fülle von Spielmodellen eine breite Palette von Anregungen für die Praxis bereitzustellen.

Gerade im Umgang mit kreativen Medien muß es in Zukunft mehr denn je um eine „Pädagogik der Vielfalt" gehen, was einerseits bedeutet, daß wir heute von Kindergruppen im Kindergarten ausgehen, die altersgemischt sind, behinderte und begabte, deutsch- und anderssprachige Kinder zusammenfassen, und daß wir andererseits, die Persönlichkeit der Erzieherin[1] mit ihren ganz speziellen Möglichkeiten und Fähigkeiten auch berücksichtigen und ihr jede Freiheit (und Vielfalt) zugestehn, *ihren* persönlichen Weg zu finden.

Nur dann wird ein kreativer Einsatz von Instrumenten die Kinder motivieren und interessieren und der Erzieherin auf Dauer Mut machen, ihren Ansatz zu vertiefen und zu erweitern.

---

[1] . . . die im folgenden von mir weiterhin in der weiblichen Form angesprochen wird, womit ich die männlichen Erzieher keinesfalls ausgeschlossen wissen möchte!

Einstimmung

Wenn Flöten tröten, Rasseln quasseln und Glockenspiele träumen, dann sind wir schon mitten drin im Spiel mit Instrumenten, wie Kinder es lieben und verstehen.

Spiel um des Spiels willen, steht bei meinen Vorbereitungen und Planungen für die Arbeit mit Kindergruppen an erster Stelle. Das Spiel entspricht dem kindlichen Sein und Tun aufs beste; Spiel – das ist allseits bekannt – ist die Form des Lernens, durch die Kinder sich die Welt erschließen – um ihrer selbst willen, nicht um etwas *über* sie zu lernen ... Dabei spielen die Sinne und die Gefühle eine große Rolle: vom Greifen zum Begreifen und zum Begriff; vom (Er)kennen zur (Er)kenntnis; vom Fühlen zum Gefühl!

Kinder haben eine unstillbare Neugierde für vieles, was sie umgibt. Unser erster Auftrag kann lauten: Umgeben wir das Kind mit Dingen, die es erforschen kann, gestalten wir seine Umwelt zu seinem Gebrauch. Damit erfüllen wir eine Forderung der bedeutenden Pädagogin Maria Montessori – und die Wünsche neugieriger Kinder!

„Hilf mir, es selbst zu tun", ist eine weitere Forderung, die Montessori den Kindern abgelauscht hat. Wir können zum Partner des Kindes werden, auf den es vertrauen kann, der ihm aber auch den Spielraum zugesteht, den es braucht, um einen persönlichen Weg spielend lernend zu gehen.

 # Spielarten

Viele „Mütter" und „Väter" hat das *Elementare Musizieren*, der Umgang mit Geräuschen, Klängen und Tönen in der kreativ orientierten Musikbeschäftigung mit Kindern, die alle ihren Einfluß auch auf meine Entwicklung und meine Einstellungen zu diesem Thema gehabt haben. Ich möchte diese Protagonisten des „Musikalischen Spiels" hier gerne einmal selbst zu Wort kommen lassen, um ihre wesentlichen Gedanken und Ideen vorzustellen. In den *Spielsituationen* im zweiten Teil des Buches werden wir ihnen und manchen ihrer Spiele, Spielregeln oder Modelle wiederbegegnen. Alle gemeinsam betonen sie, daß ihre Ansätze nicht als klar umrissene „Methode" zu sehen sind, sondern als Beispielsammlung und Anstoß zum eigenständigen Weiterentwickeln. Was nicht heißen soll, daß wir nicht viele brauchbare und interessante methodische Hinweise von ihnen erhalten, wie das *Elementare Musizieren* im Kindergarten reichhaltig und anregend gestaltet werden kann.

Wenn auch die Arbeiten der einzelnen Autoren mit einer inhaltlichen Schwerpunktsetzung vorgestellt werden, hat dies nicht zu bedeuten, daß scharfe Trennungslinien zwischen den Inhalten zu ziehen sind – im Gegenteil! Viele Ideen sind außerordentlich verwandt – obwohl die jeweiligen Autoren davon nicht unbedingt immer wußten oder wissen wollten . . .

1.1 „Musik für Kinder"

Dieses Jahrhundertwerk der Musikpädagogik, das „Schulwerk" *Carl Orffs* (1895–1982) und *Gunild Keetmans* (1904–1990) ins rechte Licht zu rücken, die unzähligen Mißverständnisse darüber aufzuklären, das Bleibende und Gültige zu betonen, aber auch die Grenzen aufzuzeigen – dazu ist hier nicht der Platz. Skizzenhaft will ich versuchen, den Wert für meine persönliche Entwicklung und die Auswirkungen auf meine Arbeit mit Kindern zu schildern.

Gunild Keetmans Unterricht konnte ich als Kind selbst noch erleben. Ich erinnere mich an die ruhige Intensität, mit der sie sehr schnell Vertrauen und Vertrautheit bei uns Kindern weckte; auch an die Ernsthaftigkeit, die sie uns in der Arbeit entgegenbrachte, und wir reagierten darauf mit Konzentration und viel gutem Willen zum Mitmachen. Sie mutete uns eine anspruchsvolle Arbeit zu: viele Wiederholungen und Arbeit an Details einer Bewegung oder eines Stabspielmotivs. Einmal probte *Gunild Keetman* mit unserer Gruppe (wir waren Kinder zwischen neun und zwölf Jahren) die Weihnachtsgeschichte (Musik: Keetman; Text: Orff). Ich erhielt die Rolle des schwarzen Königs und sollte zu der rasanten Musik ebenso schnell auf den Knien vorrutschen, um in den letzten Takten voller Hingabe mit großer Geste platt auf dem Bauch vor dem Jesuskind zu landen. An dieser Stelle ruft im Stück einer der beobachtenden Hirten im bayerischen Dialekt: „Der schmeißt sie glei gstreckterlängs platt auf'n Fußbodn hin!"

Niemals werde ich die Musik vergessen; niemals den Tanz. In meiner Erinnerung ist beides eins. Wenig später bekamen wir eine neue Lehrerin: *Barbara Haselbach.* Die Erinnerung an die zwei Stunden in der Woche sind von leichter und schwebender Art. Ich bewegte mich wie in einer anderen Welt: Musizieren und Tanzen wechselten ab; Üben, Spielen, Erfinden und Gestalten hielten sich die Waage. Die Inhalte waren „traditioneller" Art: Spielstücke aus den Orff-Schulwerk Bänden, die wir zunächst musikalisch auf den Orff-Instrumenten erarbeiteten, dienten in unserer zweiten Stunde als Basis für eine Bewegungs- und Tanzgestaltung. Wir wechselten unsere Rollen ständig. Wir alle konnten jeweils den musikalischen wie auch den tänzerischen Teil übernehmen – dieser Wechsel wurde als Unterrichtsprinzip sehr konsequent durchgeführt. Ich schätze heute das Selbstverständnis sehr hoch ein, mit dem *Barbara Haselbach*

den Elementaren Tanz für und mit Kindern in enger Symbiose
zur Elementaren Musik gesehen hat.

Während meines Studiums am Orff-Institut vertieften sich
meine persönlichen Erfahrungen mit der Elementaren Musik-
und Bewegungserziehung besonders durch den lebendigen Austausch mit meinen Lehrerinnen und Lehrern. *Barbara Hasel-
bachs* Einfluß betraf nun vor allem den Tanz- und Bewegungs-
bereich; *Ulrike Jungmair* wurde zur intensiven Gesprächspart-
nerin in Fragen zur Unterrichtspraxis mit Schulklassen; *Hermann Regner* öffnete uns den Blick für die vielfältigen didaktischen Ansätze einer Elementaren Musik- und Bewegungserziehung; *Hermann Urabl* verdanke ich die gründliche Basisausbil-
dung an den Orff-Instrumenten ebenso wie grundlegende Erkenntnisse über den einfühlsamen Umgang mit kleinen Kindern. *Wilhelm Keller* forderte intensive Auseinandersetzung mit
der „Elementaren Komposition", die mir das Handwerkszeug
und die Methodik vermittelte, um einerseits selbst aktiv zu werden im Komponieren von Liedern und kleinen Instrumental-
stücken, vor allem aber um andererseits Kinder anzuregen, etwas zu erschaffen und nicht nur nachzubilden. Seine „Einführung in ‚Musik für Kinder'" beschließt *Wilhelm Keller* mit
einigen grundlegenden Betrachtungen: „Das Orff-Schulwerk ist
ein Anfang und sucht kein Ende, sondern fortwährende Wand-
lung und Abwandlung, Kennzeichen des Lebendigen. . . . ‚Musik für Kinder' ist auch Musik für Menschen, die ihr Kindsein
nicht abgetötet haben, sondern es als innersten Kern ihres See-
lenlebens bewahren oder wiedererwecken konnten."[2]

1.2 „*Musik und Tanz für Kinder*"

„Musik und Tanz für Kinder" ist ein Unterrichtswerk zur
Früherziehung und wurde in langjähriger Teamarbeit zwischen
den Herausgebern *Barbara Haselbach, Rudolf Nykrin* und *Her-*

---

[2] Keller, Wilhelm: Einführung in „Musik für Kinder". Mainz (Schott) 1963, S. 60

mann Regner, weiteren Autoren und einer großen Gruppe von
Erproberinnen und Erprobern in Musikschulen und Kindergärten entwickelt. Basis waren die Unterrichtserfahrungen, die
Lehrende am Orff-Institut in Salzburg seit dessen Gründung im
Jahre 1961 mit Kindern machen konnten. Für mich ergab sich
die einmalige Gelegenheit, ab 1983 bei der Entwicklung dieser
Materialien mitzuarbeiten. Ich traf in der Arbeit viele ehemalige
Lehrer sowie Mitstudierende wieder, und es entwickelte sich in
unseren intensiven Autorensitzungen ein spannender Aus-
tausch über das umfassende Gebiet der Musik- und Tanzerziehung für Kinder. Jeder berichtete von seinen Praxiserfahrungen,
von seinen theoretischen Erkenntnissen, die für seine Arbeit von
Wichtigkeit waren; Methoden wurden auseinandergenommen,
Inhalte abgewogen – und gelegentlich für zu „leicht" oder auch
für zu „schwer" befunden. Für mich bedeutete diese Zeit eine
Art „Aufbaustudium". Ich war herausgefordert, meine Meinungen genau zu begründen und meine Einstellungen konkret mit
Beispielen zu belegen. Ich begann so, manche Theorie durch in-
tensives Literaturstudium aufzufrischen und zu vertiefen und
beobachtete noch aufmerksamer als sonst beim Singen, Spielen
und Bewegen die Reaktionen und Verhaltensweisen der Kinder
in meinen Früherziehungsgruppen.
    Bald schon führte ich vor allem mit meinem Kollegen *Rudolf
Nykrin* in Deutschland und Österreich viele Einführungslehr-
gänge zur Handhabung der Kinder- und Lehrermaterialien von
„Musik und Tanz für Kinder" durch und erlebte dabei enga-
gierte Diskussionen mit den Teilnehmerinnen und Teilnehmern.
So wurden mein Kollege und ich immer wieder neu herausgefordert, die Konzeption und die Inhalte zu begründen, und dabei lernten wir auch immer eine Menge dazu. Vor allem die Erzieherinnen aus den Kindergärten waren es, die viel Kreativität
an den Tag legten, um mit dem umfangreichen Werk auch im
Kindergartenalltag zurechtzukommen, und uns von ihren Erfahrungen berichteten. Andererseits konnten wir hilfreich sein,
wenn es in den Kursen um handwerkliche musikalische oder
tänzerische Fragen und Probleme ging.
    „Musik und Tanz für Kinder" ist auf dem besten Weg, ein
„Klassiker" zu werden. Vor allem natürlich als Arbeitsmaterial

für die Musikalische Früherziehung an Musikschulen. Aber ebenso im Kindergartenbereich haben der *Musikkater* und die *Tripptrappmaus* viele Freunde gefunden.

1.3 „Schallspiele"

Hier begegnen wir einem echten „Magister Ludi Musici" – wie er im (eigenen) Buche[3] steht! Ein Original in der (Zeit-)Geschichte der musikpraktischen Literatur, einer der vielseitigsten Musikpädagogen, der seiner Zeit in vielen Forderungen, die er an eine musikalische Gruppenpädagogik stellt, weit voraus ist. Seine Utopien vertritt er bis heute persönlich und leidenschaftlich. Ich bin Zeitzeugin von Geburt an, da Wilhelm Keller mein Vater, Lehrer und Kollege ist und somit mein Leben und Arbeiten maßgeblich beeinflußt hat.

Zur Einstimmung ein Spiel:

In seiner „Gebrauchs- und Mißbrauchsanweisung" zu den „Schallspielen"[4] stellt er dem Leser folgende Aufgabe, die ich hier in einer Kurzform weitergebe: „Klappen Sie dieses Buch geräuschvoll zu und gleich wieder auf! Wiederholen Sie diesen Vorgang dreimal . . ." Sind Sie neugierig geworden, wie dieses Schallspiel mit dem Buch weitergeht? Dann müssen Sie das Originalbuch aufschlagen (nur einmal) und dort weiterlesen . . .

Zur Information: einige Begriffserklärungen:

Unter *Schall* versteht *Wilhelm Keller* „den Inhalt jeder Hörwahrnehmung". Drei Schalltypen werden unterschieden: *Geräusch, Klang* und *Ton.* „Menschlich" gesehen, eignet sich unsere Stimme am besten, um den Unterschied dieser Schalltypen deutlich zu machen:

– Die Flüsterstimme liefert Geräusche aller Art.
– Die Sprechstimme erkennen wir an ihrem Sprach-Klang.
– Die Singstimme produziert Töne.

---

[3] Keller, Wilhelm: Ludi musici. Bd. I: Spiellieder; Bd. II: Schallspiele. Boppard/Rhein und Salzburg (Fidula) 1970/1972
[4] Keller 1972, S. 5

„Natürlich" gesehen lassen sich für die drei Schalltypen viele
lautmalerische Begriffe finden:
– Geräuschhaftes: zischen, rauschen, krachen, knacken,
reißen, rattern, klopfen, rascheln, platschen, klappern, platzen,
schnaufen, rasseln, scharren, kratzen usw....
– Klingendes: klirren, klingeln, heulen, rieseln, gluckern,
raunen, säuseln, wimmern, summen, brummen, quietschen . . .
und viele andere Tierlaute.
– Tönendes: rufen, tuten, pfeifen, jodeln, flöten – recht wenig Natürliches.

Wir können zusammenfassen:
„Die außermenschliche Natur liefert also vorwiegend Geräusche, wenig Klänge und noch weniger Töne. Erst durch den
Menschen und seinen Schallspieltrieb, der zur Musik führte,
wurde eine eigene Klang- und Tonwelt geschaffen."[5]

Unter „Schallspiel" versteht *Wilhelm Keller* „jeden geregelten
Umgang mit Schallmaterial, der keinen anderen Zweck verfolgt,
als den einer Befriedigung des Spieltriebs. Zum Spiel gehört die
Spielregel, da ein regelloses Spiel nur als Spielerei, allenfalls als
Vorstadium des Spiels zu betrachten ist."[6]
Spielen wir mit Schallmaterial im Sinne der „Schallspiele", bewegen wir uns in einem musikalisch erweiterten Raum. Wir
spielen „vorrhythmisch" und „freitonal" und binden uns auch
sonst an kein bestehendes musikalisches „System". Das heißt
aber nicht, daß wir formlos durch Schallwelten taumeln oder toben – wir werden uns gerade mit den „Elementaren Schallformen" Kriterien der Formgestaltung erarbeiten, auf die wir in anderen Phasen des *Elementaren Musizierens* immer wieder
zurückgreifen und aufbauen können.
Die Formen, mit denen wir spielen, können lang oder kurz,
einfach oder komplexer sein. *Wilhelm Keller* bietet eine Fülle
von Begriffen an, denen er auch (ebenfalls nur als Vorschläge zu
betrachten!) klare graphische Zeichen zuordnet. Er hat sich
bemüht, die Namen der Schallformen aus ihrem akustischen Er-

---

[5] Keller 1972, S. 9   [6] Keller 1972, S. 9

scheinungsbild so unmißverständlich wie möglich abzuleiten. Da bekommen wir es z. B. mit einem ruhigen, langen *Schallstrom* oder einem unruhigen, lebhaften *Schallwirbel* zu tun. Kürzer in ihrem Ausdruck sind der *Schallpunkt*, der *Schallfleck* (ein „Miniwirbel") oder ein *Schallstrich* (ein „Ministrom"). Eine Form von sehr unterschiedlicher Länge (was von dem verwendeten Instrument abhängt) ist die *Schallwolke,* die für den Nachhall bei nachklingenden Instrumenten steht.

Schließlich lassen sich nach entsprechenden Vorspielen in der Kombination von kurzen und langen Spielformen jede Menge komplexe Schallformen bilden, wie z. B. das Schallmosaik, das wir noch kennenlernen werden.

In der äußeren Formgestaltung ist es „wie bei einem ‚Mobile': die Verzahnung und Verschränkung der Formelemente sollen sich gegenseitig die Waage halten, so daß die Gesamtform schlüssig, abgerundet wirkt".[7]

Wir erfinden im Rahmen der Schallspiele eigene Gebärden zum Dirigieren und eigene Zeichen für die graphische Umsetzung oder Planung von Schallformen mit Geräuschen, Klängen und Tönen. Für die Wahl der Zeichen und Gebärden sollten ausschließlich praktische Kriterien bestimmend sein. Vielen Schallspielen werden wir in den „Spielsituationen" begegnen.

Wilhelm Keller hat sich in einem unveröffentlichten Vortrag einmal zu einem Bildungsideal bekannt, das er folgendermaßen beschrieb: „Ich bekenne mich zu einem anthropozentrischen (vom Menschen ausgehenden) Bildungsideal, das die Entwicklung und Befriedigung der musikalischen Bedürfnisse der Kinder im Spielraum einer Offenen Gesellschaft gleichberechtigter Individuen an die Stelle normativer Kulturforderungen setzt. Auch der Begriff ‚Musik' ist neu zu fassen: ‚Musik' ist kein gegebener ‚Gegenstand', sondern eine im Kind erst zu entwickelnde Erlebnisform, die untrennbar mit seiner Persönlichkeit verbunden ist. Nicht einer bestimmten Musikkultur zu dienen oder sich ihr zu verpflichten, sondern sich aller erreichbaren musikalischen Erlebnisse zu erfreuen, ist das wünschenswerte Ziel einer musikalischen Bildung in diesem Sinne."

---

[7] Keller 1972, S. 21f

1.4 „Musikalische Gruppenimprovisation"

Lilli Friedemann (1906–1991) war ursprünglich Konzertgeigerin. Auf ihre direkte und unbefangene Art beschreibt sie ihren Einstieg in die „Gruppenimprovisation": „Jede Entwicklung hat zunächst keinen Namen und kein genaues Bewußtsein. Es entwickelt sich etwas, und erst später denkt man: ‚Ach, das war das!' oder ‚Da ist das gekommen'. Genauso war es bei mir . . . In der Gruppenimprovisation, die sich so herauskristallisierte, verzichtet man auf metrische Rhythmen, verzichtet auf Harmonie. Trotzdem betrachten wir unsere Improvisationen als Musik, weil wir einfühlend aufeinander reagieren und versuchen zu erspüren, was sich entwickelt."[8]

Lilli Friedemann hat einige Bücher geschrieben, aber vorrangig hat sie mit verschiedenen Alters- und Zielgruppen musiziert und improvisiert. Auf diese Weise habe ich sie auch kennen- und schätzengelernt. Aus ihren Erfahrungen mit Vorschulkindern entwickelt sie in ihrem Buch „Kinder spielen mit Klängen und Tönen" Gedanken, die heute so aktuell sind, wie sie damals – Anfang der siebziger Jahre – neu waren: „Die Freude an Klängen und Geräuschen ist bei Kindern nicht geringer als die Freude an Rhythmus und Melodie, vielleicht sogar stärker. Klänge wirken unmittelbar auf Fantasie und Emotion. Gerade kleinere Kinder sind höchst erfinderisch bei der Ausnutzung aller legalen und ‚illegalen' Klangquellen, seien sie vokal oder instrumental."[9]

In der Einführung zu ihrem letzten und für die Praxis heute brauchbarsten Buch „Trommeln-Tanzen-Tönen"[10] schreibt sie: „Die Spielanweisungen sollen u. a. Hilfen geben, wie man den

---

[8] Friedemann, Lilli: Musiktherapie, in: Moscovici, Hadassa K.: Vor Freude tanzen, vor Jammer halb in Stücke gehn. Pionierinnen der Körpertherapie. Frankfurt/M. (Luchterhand) 1989, S. 116

[9] Friedemann, Lilli: Kinder spielen mit Klängen und Tönen. Wolfenbüttel (Möseler) 1971, S. 4 und S. 9

[10] Friedemann, Lilli: Trommeln-Tanzen-Tönen. 33 Spiele für Große und Kleine. Wien (Universal) 1983

lebenswichtigen Trieb von Kindern und Jugendlichen zum Lärmen, Toben, Rangeln, Schreien, Schnattern und Fabulieren gelegentlich auffangen kann durch Trommeln, Tanzen und Musizieren, durch ein kreatives Handeln unter sinnvollen Ordnungen, die ein vitales Erleben in der Gemeinschaft möglich machen."[11]

Ich erinnere mich noch sehr gut, daß Lilli (wie sie immer von ihren Mitmusizierenden genannt werden wollte) regelrecht böse werden konnte, wenn eine der drei Grundspielregeln nicht eingehalten wurde. An diesen Regeln (die sie in allen ihren Veröffentlichungen betont) kann man besonders deutlich erkennen, wie sehr es ihr in erster Linie um ernsthaftes Musizieren ging, egal mit welcher Altersstufe – sie erwartete diese Form von Disziplin von jedem. Sie schreibt: „Der Erfahrungsvorsprung, den ein Improvisationsleiter vor seiner Gruppe haben sollte, darf ihn nicht daran hindern, beim Improvisieren selbst *Partner* zu sein, und zwar mit allen Rechten und Pflichten, die für die Gruppe gelten. Innerhalb dieser Rechte und Pflichten seien drei besonders wichtige Verhaltensregeln empfohlen:

1. *Entweder* spielen oder sprechen!
2. Die Leisen nicht übertönen!
3. Niemand während des Improvisierens durch etwas anderes als durch das eigene Spiel beeinflußen!"[12]

Die „Musikalische Gruppenimprovisation" nach *Lilli Friedemann* ist ein zutiefst humanes und emanzipatorisches Konzept und verdient es, bekannt zu sein in allen Kreisen, in denen Menschen zusammentreffen, um miteinander in Gruppen zu musizieren. Die Spielanweisungen lassen sich problemlos für die jeweilige Gruppensituation und Altersstufe abwandeln – alles, was dafür benötigt wird, ist etwas Phantasie.

---

[11] Friedemann 1983, S. 4
[12] Friedemann, Lilli: Einstiege in neue Klangbereiche durch Gruppenimprovisation. Wien (Universal) 1973, S. 14

1.5 „Schöpferisches Musizieren"

Murray Schafer ist einer der führenden Komponisten Kanadas,
der sich neben seiner kompositorischen Tätigkeit seit 1964 über-
aus fruchtbar mit musikpädagogischen Fragen beschäftigt.
Während meines Studiums sparte ich, um mir seine Bücher kaufen zu können – und bis heute haben seine gewitzten und ungewöhnlichen Gedanken und Ideen noch einen entscheidenden
Einfluß auf mein Denken und Tun.

Beim Lesen seiner Bücher wird man unversehens in Gespräche einbezogen, die er mit seinen Schülern und Studenten
führt. Er stellt so schwierige Fragen wie: „Was ist Musik?" und
nimmt sich dann auch die Zeit, um sie sehr ausführlich und gewissenhaft mit den jungen Leuten zu diskutieren. Es gelingt ihm
dabei, Interesse und Toleranz zu wecken für die ganze Breite
dessen, was Musik heute für uns sein kann und sein sollte, er
schreibt: „Jemand sagte einmal, daß die zwei wichtigsten Dinge
in der Entwicklung des Geschmacks Gefühl und Verstand seien.
Ich glaube nicht, daß das zutrifft. Ich würde eher Neugier und
Wagemut als diese zwei Dinge bezeichnen. Neugier, die dazu
anspornt, immer wieder das Neue und Verborgene zu suchen;
Wagemut, der einen in die Lage versetzt, sich selbst einen Ge-
schmack zu bilden, ohne Rücksicht darauf, was die andern darüber reden oder denken."[13] Nach langem Abwägen verschiedener Argumente kommen *Schafer* und seine Schüler schließlich
zu einer Definition von Musik, die ich heute noch gerne selber
verwende; da heißt es:

„Musik ist ein Gefüge von (rhythmisch, melodisch) geordne-
ten Klängen, die gehört werden sollen."[14] Ein Schüler zitiert dar-
aufhin eine Definition von Musik, die er in einem Lexikon gefunden hat und die von „Kunst" und von „schönen Klängen"
spricht. *Schafer* konstatiert, daß die Unterschiede der Definitio-
nen Anlaß zum weiteren Nachdenken sein können und gibt zu
bedenken, daß sich vielleicht die Musik geändert habe, seitdem

---

[13] Schafer, Murray: Schöpferisches Musizieren. Wien (Universal) 1971, S. 9
[14] Schafer 1971, S. 21

das Lexikon verfaßt wurde, und daß sich deshalb auch die Definition habe ändern müssen . . .

Immer geht es *Schafer* vor allem darum, uns „die Ohren für die neue Klangwelt zu öffnen, in der wir heute leben . . . Es mag sein, daß uns nicht alle Töne dieser neuen Musik gefallen werden, aber auch das wird gut sein. Denn so wie andere Formen der Verschmutzung ist die Überflutung unserer Umwelt mit Klangmüll beispiellos in der Geschichte des Menschen."[15] Immer wieder stellt *Murray Schafer* uns Aufgaben. Halten Sie einen Moment inne im Lesen, und befolgen Sie die Anweisungen:
  „Die Welt ist voller Schall. Hören Sie nur!
  Achten Sie mit offenen Ohren auf alles, was sich bewegt!
  Sitzen Sie einen Moment ganz still und empfangen Sie!"[16]
  Zum Einstieg in die Gedankenwelt von *Murray Schafer* empfehle ich vor allem sein Buch „Schule des Hörens"[17], in dem er in neun Vorträgen, zwei Protokollen und vier Nachträgen auf höchst amüsante und dabei ebenso lehrreiche Weise sein Wissen vor uns ausbreitet und mit uns teilt: „Ich bin der Meinung, daß einem das Wesen musikalischer Vorgänge nie aufgehen wird, solange man in stummer Ergebenheit darauf wartet. Als ausübender Musiker bin ich zu der Einsicht gelangt, daß man über den Klang nur dann etwas in Erfahrung bringt, wenn man selbst Klänge erzeugt, und daß man in der Musik nur dann etwas lernt, wenn man selbst musiziert."[18]

Und dann gibt er uns zu denken und stellt Aufgaben, die es in sich haben. Er erzählt vom Lärm und meint: „Lärm ist ein unerwünschtes Schallphänomen."[19] Von der Stille weiß er: „Die Stille ist eine Hülle für musikalische Wertgegenstände – Stille ist ein Sack voller Möglichkeiten. Es kann leicht passieren, daß er zerreißt."[20] Und die Aufgaben lauten: „Die Stille ist abhandenge-

[15] Schafer, Murray: Die Schallwelt, in der wir leben. Wien (Universal) 1969, S. 8
[16] Schafer 1969, S. 10
[17] Schafer, Murray: Schule des Hörens. Wien (Universal) 1972
[18] Schafer 1972, S. 5
[19] Schafer 1972, S. 9
[20] Schafer 1972, S. 11

kommen. Suchen Sie sie!" Und: „Versuchen Sie, ein Blatt Papier
lautlos weiterzureichen. Jeder achtet auf die Geräusche, die das
Papier auf seiner Wanderschaft begleiten."[21] Und so geht es weiter. *Schafer* führt uns durch die Klangwelt der Musik und erklärt
mal poetisch, mal sachlich, mal philosophisch, mal witzig ihre
Elemente.

Murray Schafer ist kein Vorschulpädagoge. Seine Spiel- und
Gestaltungsvorschläge zum „Schöpferischen Musizieren" lassen
sich nicht so ohne weiteres auf die Arbeit im Kindergarten über-
tragen. Aber sie öffnen uns Erwachsenen die Sinne für den kreativen Umgang mit allem, was klingt.

1.6 Jakob

Jakob ist seit drei Jahren mein Enkel und mein Lehrer in vielen
Fragen des frühkindlichen Musikerlebens. Singende Stimmen
umgeben ihn seit seiner Geburt. Vor allem Mutter, Großmutter
und Urgroßmutter, aber auch Vater, Großvater und Urgroßva-
ter versorgen ihn regelmäßig mit selbsterfundenen, selbstkom-
ponierten und nachgesungenen Liedern, Stimm- und Sprach-
spielen. Kein Wunder also, daß Jakob bereits im Alter von zwei-
einhalb Jahren fast 20 Volks- und Kinderlieder singen konnte,
wobei er natürlich noch recht frei mit manchen Texten umging
– wichtiger als die korrekte Artikulation einzelner Wörter waren ihre rhythmische Gestalt, ihre hervorstechendsten Klänge
(Vokale) und der Melodiebogen. Sehr genau war er auch in der
Wiedergabe des Ausdrucksgehaltes und der Dynamik – eben so,
wie es ihm vorgetragen worden war.

Bald schon aber traten neben das Singen auch die Freude und
Neugierde im Erkunden von instrumentalen Klängen. Durch
das Singen war sein Gehör bereits früh weit geöffnet für musikalische Klänge verschiedener Art. Da mein Mann Gitarrist ist
und Jakob ihn oft beim Spielen beobachten konnte, bildete sich

---

[21] Schafer 1972, S. 12

bei ihm bald eine ganz besondere Vorliebe für Saitenklänge aller Art. Er legte eine große Ausdauer an den Tag, wenn es darum ging, zuzuhören. Er forderte oft sogar mit Gesten und Lauten seinen Großvater auf, weiterzuspielen, wenn dieser eine Pause machte. In unserem Musikzimmer, in dem es viele Instrumente aus aller Welt gibt, kann Jakob sich immer frei bewegen. Auch die diversen Saiteninstrumente hängen oder stehen in seiner Reichweite, so daß er uns bald zeigen konnte, welche seine Lieblingsinstrumente waren. Er entschied sich meist für ein kleines, aber durch fünf Saitenpaare besonders voll klingendes Saiteninstrument aus Südamerika, einer sogenannten „Charango" (sprich: „Tscharango"), das normalerweise in einer sogenannten „offenen" Stimmung gespielt wird, d. h., daß die angeschlagenen leeren Saiten einen Akkordklang (a-moll 7) ergeben. Dieses Instrument in der Größe einer „Kindergitarre" konnte er selbst in die Hand nehmen. Bei den großen Gitarren in Ständern wählte er nach einigem Vergleichen immer wieder zielsicher die in einem Dur-Akkord gestimmte zwölfsaitige Gitarre. Wenn er in einer besonders entspannten Stimmung war, konnte es vorkommen, daß er sich zu freien und lauten Gesängen selbst begleitete. In dieser Zeit vertrieb er sich auch die Langeweile beim Autofahren mit langen, freien Gesängen. Vokalisenähnlich verschwammen Wortteile und Phantasiesilben zu einer eigenen ausdrucksstarken „Singsprache".

Erst relativ spät begann er sich auch für Trommeln zu interessieren. Zunächst waren sie ihm zu laut – nun aber sitzt er auch gerne hinter dem Schlagzeug und probiert die Wirkung der verschiedenen Schlägel auf Trommeln und Becken aus.

Erst vor kurzem hatten wir einen kleinen Dialog auf Flöten miteinander. Schon seit einiger Zeit machen wir kleine „Liedratespiele", die ihm gut gefallen: Ich spiele ein ihm bekanntes Lied auf der Blockflöte, und er beginnt das entsprechende Lied zu singen oder zeigt auf einem Liederposter[22] auf das entsprechende Bild. Er will dann auch nach einer Weile gerne einmal die

---

[22] Musik und Tanz für Kinder – Kinderlieder – Unsere Musikinstrumente – Zwei Posters. Mainz (Schott) 1988

Flöte selbst spielen, zeigt aber immer Enttäuschung, wenn beim
Hineinblasen nur ein Piepston und keine Melodie wie bei mir
hervorkommt. So gab ich ihm neulich eine Lotosflöte und zeigte
ihm, wie er durch das Ziehen und Schieben des Zugkolbens die
Töne verändern kann. Das begeisterte ihn, und nachdem er ein
bißchen herumprobiert hatte, mischte ich mich mit meiner
Blockflöte in sein Spiel ein, er horchte auf, und wir spielten einander unsere Töne zu.

2 Didaktische Stichworte

In meiner Praxis mit Kindern im Vorschulalter erwiesen sich bestimmte Probleme und Fragestellungen als „Dauerbrenner". Nicht auf Vollständigkeit bedacht, sondern als „Stichworte" zu verstehen sind meine persönliche Stellungnahme wie auch die Ausführungen einiger ausgewählter Autoren. Ich hoffe, auf den folgenden Seiten auch Anlaß für das Überdenken eigener Erfahrungen und Erkenntnisse zu geben, wobei man vielleicht Bestätigung findet, sich aber durchaus auch zum Widerspruch gereizt fühlen kann.

2.1 Vom elementaren Zusammenhang von Musik, Sprache und Bewegung

Das *Elementare Musizieren* im Kindergarten kann ohne Bewegung sowie klingende und rhythmisierte Sprache gar nicht wirksam werden. „Alles, was klingt", meint zuallererst den klingenden Körper – und alles, was klingt, gerät in Schwingung. So unsichtbar diese Schwingung vor allem bei Instrumentalklängen auch sein mag, so spürbar ist sie auf der anderen Seite: „Die Trommel kribbelt im Bauch", kann man Kinder sagen hören, die viel unverstelltere, feiner ausgerichtete Sensoren für die „unsichtbare Bewegung" des musikalischen Klangs haben.

In diesen unsichtbaren Schwingungen liegt einer der ursprünglichen Verbindungen zwischen Musik (Sprache) und Bewegung.

Wenn ich den elementaren Zusammenhang von Musik, Bewegung und Sprache als Grundsatz des *Elementaren Musizierens* betone, so heißt „Zusammenhang" nicht die ständige

Gleichzeitigkeit von musikalischem, sprachlichem und bewegtem Tun! Das Entdecken des Zusammenhangs steht an erster Stelle, wenn Kinder z. B. beim Spielen auf der Handtrommel plötzlich merken, wie der Nachklang des schwingenden Fells durch das Schwingen der Trommel verlängert werden kann und sich aus der Bewegung ein „Trommelspieltanz" entwickelt.

In den Spielsituationen zum *Elementaren Musizieren* soll die Einheit von Musik, Sprache und Bewegung, unterschiedliche Zusammenhänge sowie Wechselwirkungen lebendig und durchschaubar werden.

2.2 Vom kindlichen Leben im Hier-und-Jetzt

Wann immer wir Schwierigkeiten haben, uns auf die Anforderungen der Gegenwart einzulassen, brauchen wir nur den Blick zu heben und die Kinder zu beobachten: Sie sind einfach *da*! Kinder, die in ihrem *Dasein* gestört werden, womit ihr *Sosein* als Kind keine Anerkennung findet, rebellieren früher oder später. Sie verlieren ihre innere Ruhe, ihre Fähigkeit zur tiefen Konzentration, ihre intensive Wahrnehmungs- und Beobachtungsfähigkeit. Unsere Sprache drückt das dann sehr genau aus, aber wollen wir das so genau auch verstehen? Wir sprechen von „gestörtem Verhalten": „Gestörte" Kinder werden „auffällige" Kinder – nicht immer gelingt es, die „Störungen", die das Kind in seiner Entwicklung „gestört" haben, zu beheben.

In den Spielsituationen des *Elementaren Musizierens* kann ich nur in dem „Hier-und-Jetzt"-Moment der Begegnung dem Kind Angebote machen, sich in seinem *Dasein* und *Sosein* angenommen und angeregt zu fühlen. Kreative Spielmomente gedeihen nur in angstfreier und entspannter Atmosphäre – versuchen wir also immer wieder von neuem – Tag für Tag und Woche für Woche –, uns ein Beispiel an den Kindern zu nehmen: Sie sind nicht nachtragend und *jetzt* bereit zum Spiel – wenn wir sie nicht stören . . .

Oft werde ich nach dem tieferen Sinn unserer Tätigkeit gefragt. Auch mich persönlich beschäftigt diese Frage oft. Kann das gemeinsame Musizieren einen positiven Beitrag zur Entwicklung der Kinder leisten? Es ist nicht leicht, darauf eine schlüssige Antwort zu finden. Ein guter Anfang wäre gemacht, wenn wir akzeptieren könnten, daß es zunächst nur eine Chance gibt: den Sinn in der jeweils zu haltenden Stunde mit den Kindern zu suchen und ihn in der unmittelbaren Begegnung zwischen uns und den Kindern zu sehen. Genau betrachtet haben wir nur diese Stunde, diesen Moment der Begegnung – und diesen Moment gilt es zu nutzen; diesen Moment gilt es zum Erlebnis werden zu lassen! Die Konzentration auf den Augenblick ist es auch, die die Basis für echten Kontakt zwischen dem Kind und dem Erwachsenen bildet: Kontakt, der Vertrauen schafft. Das kann der Anfang sein für ein offenes Arbeiten, für ein lustvolles Gestalten, ein konzentriertes Aufeinanderhören und Einanderbeobachten und somit für ein wirkliches Miteinander beim *Elementaren Musizieren.*

Im „Hier-und-Jetzt" können wir auch dem „Künstler im Kind" begegnen. Der Maler *Paul Klee* notierte 1912 in sein Tagebuch: „Es gibt nämlich noch Uranfänge von Kunst, wie man sie eher in ethnographischen Sammlungen findet oder daheim in seiner Kinderstube. Lache nicht, Leser! Die Kinder können es auch und es steht Weisheit darin, daß sie es auch können!"[23]

Unbefangen und ohne allzu hemmende Vorbilder trauen sich Kinder zumeist eine Menge zu. Das Kind versteht sich auf eine anregende Situation zu konzentrieren, sich mit einer Anschauung vollständig zu identifizieren und sich regelrecht zu versenken in die Erforschung eines Instruments. Aus solchen „Erkundungsgängen" in den Raum der Musik kommen die Kinder in besonders glücklichen Momenten mit kleinen Ergebnissen hervor, die aus dem Moment und für den Moment geschaffen sind, nicht von großer Dauer, oft nicht wiederholbar. „Schau mal, ich habe ein Lied gefunden!" ruft ein Kind, setzt sich zurecht, war-

---

[23] Klee, Felix (Hrsg.): Tagebücher von Paul Klee 1898 – 1918. Köln (DuMont) 1957, S. 276

tet, bis alle Zuhörer auch aufmerksam sind, und beginnt mit
großer Ernsthaftigkeit seine „gefundenen" Töne zu präsentieren.

Ulrike Jungmair bezeichnet aus ihrer Erfahrung ähnliche
Momente, in denen Menschen unverhofft, ohne großangelegte
Planung, aus einer eigenartigen „Gegenwartsspannung" heraus
einer Idee eine Form geben auch als „Elementares Ereignis"[24].
Sind wir eigentlich wachsam genug, um solche beglückenden,
sinn-vollen Momente auch wirklich wahrzunehmen und zu ge-
nießen?

2.3 Vom Mitmachen, Nachmachen
und Selbermachen

Da wir in der Beschreibung der Spielsituationen für das *Elementare Musizieren* in der Regel von altersgemischten Gruppen
ausgehen wollen, sind wir konfrontiert mit ganz verschiedenen
Interessen aber auch Möglichkeiten der Kinder zwischen drei
und sechs Jahren, sich an den musikalischen Aktionen zu betei-
ligen. Das eher *imitative Mitmachen* wird im selben Spiel neben
dem bereits viel *bewußteren Nachmachen* stehen, und einige
Kinder warten inzwischen vielleicht schon ungeduldig auf ihren
Einsatz, um im Rahmen einer Soloaufgabe mit ihrem Instrument *selbstgemachte* Tonfolgen, Rhythmen oder Klänge zu präsentieren.

Unter „Mitmachen" verstehe ich die fast gleichzeitig zur Aktion der Erzieherin stattfindende Imitation des kleinen Kindes
(ab drei Jahren). Die Fähigkeit zum „Nachmachen" setzt ab dem
vierten Lebensjahr allmählich ein und bedeutet, eine Aktion
zunächst nur zu beobachten und erst anschließend, aus der Erinnerung heraus, die Vorgabe zu imitieren. Diese Art der Imitation steht durch die Gedächtnisleistung, die damit verbunden

---

[24] Jungmair, Ulrike: Das Elementare. Zur Musik- und Bewegungserziehung im Sinne Carl
Orffs. Mainz (Schott) 1992, S. 242

ist, auf einer höheren Entwicklungsstufe und ermöglicht dem Kind, sich ein Repertoire aus rhythmisch-melodisch-klanglichen Modellen aufzubauen. Dieses Repertoire wiederum bildet die Grundlage für das „Selbermachen". In engem Zusammenhang mit der Entwicklung der Fähigkeiten vom Mitmachen zum Selbermachen ist die Entwicklung des sozialen Interesses zu sehen. *Flitner* gibt *Stern* wieder: „So beginnen die Sozialspiele in einem ‚Nebeneinander', sie führen in einer zweiten Etappe zu einem ‚Miteinander' und in einer dritten zum ‚Gegeneinander'"[25]. In der Bezugnahme auf diese Sozialformen der drei- bis sechsjährigen Kinder in unserer Spielgruppe entstehen die Spielregeln und -ideen unserer Spielsituationen. Wir müssen offen sein für die unterschiedliche Interessenlage der Kinder – denn Entwicklung schreitet täglich fort, und eine Regel, die noch letzte Woche von allen anerkannt werden konnte, wird vielleicht diese Woche von einigen angezweifelt.

Lilli Friedemann beschreibt aus ihrer Sicht die „Imitation" (mit- wie nachgemacht) als Durchgangsstadium, um das erstrebenswerte Ziel des „Gegenspielens", wie sie es nennt und wie es zur sozialen Phase des „Gegeneinanders" gut paßt, zu erreichen. Im „Gegenspielen" und im „Gegeneinander" soll sich die Eigenständigkeit des Kindes zeigen, die Selbständigkeit eine Entscheidung zu treffen, aus seinem bereits gewonnenen Repertoire etwas auszuwählen und „gegen" das Spiel eines Mitspielers zu präsentieren. Ich bevorzuge den Begriff des „Selbermachens" als dritte Stufe. *Lilli Friedemann* bestätigt: „Verwerflich wäre hier nur eine Didaktik, die nicht im Lauf der Zeit aus dem Nachahmen und Mitmachen heraus zu einem bewußten ‚Gegenspielen' hinführt bzw. den Imitationsaufgaben nicht ein entsprechendes Quantum an kreativen Aufgaben gegenüberstellt."[26]

---

[25] Flitner, Andreas: Spielen – Lernen. Praxis und Deutung des Kinderspiels. München (Piper) 1986 (8.Auflage), S. 84; mit Bezug auf Stern, William: Psychologie der frühen Kindheit, Leipzig 1921 (2.Auflage)
[26] Friedemann, Lilli: Kinder spielen mit Klängen und Tönen. Wolfenbüttel und Zürich (Möseler) 1971, S. 6

2.4 Von der Spielregel als sozialer Herausforderung

Wenn wir uns Gedanken über Spielregeln für das *Elementare Musizieren* machen, dann geht es um das musikalische Spiel in der Gruppe, und das bedeutet je nach Entwicklungsstand eine mehr oder weniger starke soziale Herausforderung. Die Entwicklungspsychologie bietet uns zur Entwicklung des Sozialverhaltens beim Kind Durchschnittswerte an, mit denen wir für die Praxis zwar mit einem guten Überblick ausgerüstet sind, aber in der Begegnung mit dem einzelnen Kind mehr der „Ausnahme" als der „Regel" begegnen . . .

Flitner meint dazu: „Denn die sozialen Fähigkeiten der Kinder, die Möglichkeit, miteinander zu spielen, sich einem sozialen Regelsystem einzufügen und an dem Zusammenspiel mit anderen Kindern Vergnügen zu haben, ist noch mehr als andere Entwicklungsmomente davon abhängig, in welcher sozialen Situation das Kind aufwächst . . . Die Häufigkeit und Intensität der Sozialerfahrungen, der Austausch mit Erwachsenen und Kindern der Umgebung entscheidet über die sozialen Fähigkeiten der Kinder in hohem Maße."[27] Es gilt, soziales Verhalten differenziert zu betrachten, sowohl im Hinblick auf die persönlichen Sozialerfahrungen des einzelnen Kindes als auch im Hinblick auf die Inhalte des sozialen Handelns, weil dadurch das Kind möglicherweise von ganz unterschiedlichen Motiven geleitet ist.[28] Manch ein Kind wird durch ein Kreisspiel in seinem Sozialverhalten positiv angeregt, weil es die Geborgenheit der gleichmäßigen Bewegung genießt; ein anderes Kind reagiert mit erstaunlichem sozialen Feingefühl auf ein musikalisches Wechselspiel „Alle – Einer", weil es die Herausforderung sucht, alleine im Mittelpunkt zu stehen, und die Anpassung leistet, sich wieder der Gruppe einzugliedern. Denn es hat verstanden: Ohne Anpassung gibt es keine Gelegenheit, im Mittelpunkt zu stehen.

Je kleiner die Kinder, desto schlichter muß die Spielregel beschaffen sein. Die soziale Herausforderung, die jede Regel in

---

sich birgt, muß den sozialen Verhaltensspielraum des Kindes
berücksichtigen. Dann wird der „Regelspielraum" gerne betre-
ten, und spielend wird geübt, was ohne Spiel langweilig, unin-
teressant oder sogar unangenehm wäre.

Keller schreibt: „Die Spielregel ist keine Einschränkung der
Freiheit der Mitspieler, sondern eine Abstimmung individueller
Möglichkeiten innerhalb des Zusammenspiels. Absolute Freiheit ist mit absoluter Unsicherheit verknüpft und hemmt eine
Gruppe durch gegenseitige Behinderung der Mitwirkenden;
statt zu einer Harmonisierung kommt es zu Kollisionen individueller Aktionen. Zur Spielregel gehört aber auch die Ermuti-
gung zur Abwandlung der Regel und zur Ablösung durch eine
neue Regel."[29]

Für Kinder, die für Spiele in der Gruppe erstes Verständnis
und Interesse zeigen (also etwa ab vier Jahren), gehört die Spielregel, d. h. deren Einhaltung und Verteidigung, mehr und mehr
zum Spielalltag.

Viele Grunderfahrungen mit dem eigenen klingenden Körper,
mit klingenden Gegenständen und Instrumenten aller Art sowie
mit Musik, die aus Lautsprechern kommt, sollen und können
Kinder auch ganz alleine machen. Neben den Anregungen für
das Musizieren in der Gruppe, gibt es auch bei der Beschreibung
der Spielsituationen in diesem Buch immer wieder Hinweise auf
freie Phasen, in denen nur lose Rahmenregelungen Kind und
Material schützend umgeben und so auch bereits dreijährige
Kinder in das Spielgeschehen integriert werden können.

2.5 Vom Hören, Zuhören und Horchen

Wie wir heute wissen, nimmt das ungeborene Kind bereits im
Mutterleib viele Geräusche wahr. Schon in der 24. Schwanger-
schaftswoche ist das Hörorgan ausgereift. Am wichtigsten sind

---

[29] Keller, Wilhelm: Ludi musici 2 „Schallspiele". Boppard/Rhein und Salzburg (Fidula)
1972, S. 10

und im Hörvordergrund stehen natürlich die Herz-, Atem- und Verdauungsgeräusche der Mutter sowie ihre Stimme. Aber auch viele andere Umweltgeräusche vom Straßenlärm, über den Düsenjet bis hin zum Klavierspiel des Vaters oder dem Blasorchester auf der Straße dringen an die kleinen Ohren. Nach der Geburt fühlen sich Kinder am wohlsten in menschlichen Armen, nahe dem Herzen, gewiegt und umhüllt von gesungenen oder leise gesprochenen Worten. Später, d. h. abgenabelt von der Mutter im Sinne der „zweiten Geburt", sind die Kinder bereit, auch hörend ihren Horizont zu erweitern. Und wieder und weiter überstürzen sich die Höreindrücke, das kleine Kind hat tagtäglich viel zu bearbeiten und zu verdauen.

„So etwas wie Stille gibt es nicht", sagt *John Cage;* „wenn das stimmt: ist dann Stille Lärm?" fragt *Murray Schafer* zurück.[30] „Die Musik fängt im Menschen an", schreibt *Carl Orff* 1932 und setzt fort: „Das Erste ist die eigene Stille, das In-sich-Horchen, das Bereitsein für die Musik, das Hören auf den eigenen Herzschlag und den Atem."[31]

In einer Geschichte schildert *Rafik Schami* auf zugleich drastische wie poetische Weise, welch große Bedeutung dem Hören, Zuhören und Horchen zukommt. Er beschreibt darin einen äußerst geschwätzigen Dämon, der nicht zuhören konnte und dafür mit einer zunächst sonderbar anmutenden Strafe bedacht wurde: er erhielt noch einen zweiten Mund und hatte nur noch ein winziges Ohr zum Hören. Zunächst freute sich der Dämon sehr über diesen zusätzlichen Mund – konnte er doch nun noch viel mehr, schneller und lauter reden und seine Mitmenschen noch viel öfter unterbrechen –, aber dann veränderte sich die Situation plötzlich zuungunsten des Dämons, denn schließlich flohen alle vor ihm, niemand hörte ihm mehr zu, und er fühlte sich sehr elend, denn „Worte sind empfindliche Zauberblumen, die erst im Ohr eines anderen ihren Nährboden finden. Seine Worte aber fanden kein Gehör mehr und verwelkten, sobald sie seine Lippen verließen."[32]

---

[30] Schafer, Murray: Schule des Hörens, Wien 1972, S. 11
[31] Orff, Carl: Gedanken über Musik mit Kindern und Laien. In: Die Musik, 24, Berlin 1932
[32] Schami, Rafik: Erzähler der Nacht. Weinheim und Basel (Beltz) 1989, S. 240f

In unserer Form des *Elementaren Gruppenmusizierens* kommt es in hohem Maße und in vielen Spielsituationen darauf an, einander mit seinem Spiel etwas mitzuteilen. Mitteilung braucht aber auch offene Ohren, die bereit sind, zuzuhören. Spiele ich über einen längeren Zeitraum nur noch für mich selbst, werden meine Zuhörer entweder protestieren oder weggehen. Ich kann es mit meinem Spiel aber auch Mitspielern sehr schwer machen, wenn ich z. B. – wie der Dämon in der Geschichte – niemand anderen „zu Wort" kommen lasse oder das Spiel der anderen lautstark zu übertönen versuche . . . Wer kennt solche Situationen nicht! Vielleicht hilft dann auch den betroffenen Kindern eine Beschreibung der Situation in Anlehnung an den Text von *Rafik Schami:* „Töne sind empfindliche Zauberblumen, die erst in den Ohren der anderen zu wachsen beginnen können. Will niemand mehr zuhören, werden die Töne verwelken, sobald sie gespielt sind; achtet man beim Spiel aber wieder auf das Spiel der anderen, werden einem ihre Ohren wieder geschenkt, und die Töne können wieder aufblühen, wie frisch gegossen!"

2.6 Vom Sehen, Hinschauen und Denken

Wir sprechen von „Weltanschauung" und meinen damit, was wir über die Welt denken. Wir „machen uns ein Bild" von etwas oder jemandem, und auch damit wollen wir ausdrücken, was wir von einer Sache oder von einer Person halten. Kinder haben eine andere Weltsicht; was sie nicht wissen, füllen sie mit Phantasie aus. Wenn sich Erwachsene ein Bild von etwas machen, wollen sie auch meist rasch die Wertigkeit des Geschauten festlegen. Von einem solchen wertenden Denken sind Kinder noch weit entfernt. Sie beschreiben, was sie sehen, und suchen nach der Stimmung (dann „stimmt" etwas) und nach dem Gefühl; sie sehen auch nicht nur mit den Augen, in ihre Deutungen gehen Wahrnehmungen aller Sinne mit ein (was sie sehen, wollen sie z. B. auch meist anfassen, „befühlen"), und so kommt es zu bemerkenswert greifbaren und dennoch (oder deshalb?) zu berührend poetisch-philosophischen Beschreibungen, die wir – offenen Ohres – auch bei den Kindern, mit denen wir leben, zu hören bekommen.

In der Didaktik aller Arbeitsbereiche für das Vorschulalter wird überall der Begriff der „Anschaulichkeit" zu finden sein. Jede Erzieherin weiß aus eigener Erfahrung, daß abstrakt formulierte Aufgaben bei den Kindern nicht fruchten. Die Spielsituationen zum *Elementaren Musizieren* bedienen sich oft „phantastischer" Bilder, durch die Kinder in Stimmung kommen, Sichtbares hörbar und Gehörtes sichtbar wird.

Für Kinder sind die Grenzen zwischen den Sinneswahrnehmungen oft wie aufgelöst. Ein fünfjähriges Mädchen sagt zu seiner Mutter in der Dämmerung bei Nebel: „Mutti, ich kann nichts sehen, es ist ja alles wie geflüstert." – Daraus läßt sich ein Spiel machen: „Wähle ein Instrument aus und spiele uns, wie der Nebel flüstert!"

Ein fünfjähriger Junge beobachtet die Lichtspiele der Sonnenstrahlen in seinem Zimmer und meint, beständig Engel zu sehen: „Sie sind nicht weiß, sie sind bunt und hell und spielen mit meinen Spielsachen." – Ein musikalisches Spiel kann die Aufgabe stellen: „Kennst du ein Instrument, das eine bunte, helle Tanzmusik für die Engel spielen kann?"

Später blickt der Junge in den Nebel hinaus und sagt, er sehe keine Engel mehr, aber kleine glänzende Sterne, die sich vorbeibewegten: „Ist es etwas in meinen Augen?" – „Mach die Augen zu und horche: Kannst du die Sterne auch glänzen hören?"

Bei diesem Trommler, gemalt von einem dreieinhalbjährigen Jungen, sieht man die Töne, die auf den Boden fallen (Abbildung), und ein vierjähriges Mädchen malt ein Klavier, das Musik macht.

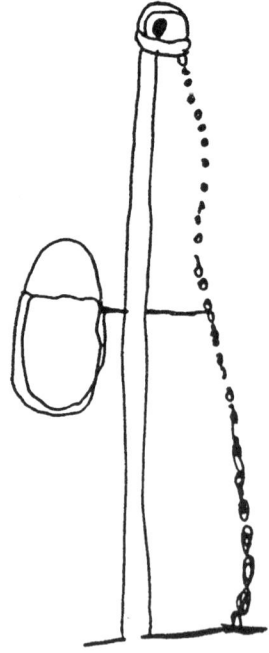

Unten sieht man die Tastenreihe, darüber die Töne: rechts hohe, links tiefe (Abbildung).[33]

Die Phantasie der Kinder beim „Anschauen der Welt" kann unsere Phantasie beflügeln. Wenn wir ihre Weltsicht kennen, können wir für sie anschauliche und phantasiereiche Spielsituationen schaffen.

2.7 Raum geben – Zeit gewinnen

„Gib mir mehr Raum", bittet jemand, der noch Zeit braucht für Überlegungen, Problemlösungen, Experimente, Erfahrungen. Aber hinter dieser Bitte steckt noch mehr. Neben der Zeit verlangt der Bittende auch Bewegungsfreiheit, Offenheit, Geduld; der „Raum", den er meint, ist ein „Spielraum", ein „Freiraum" für seine Tätigkeit.

Was das Verhältnis zu Raum und Zeit betrifft, sind sich Kinder bis in die Schulzeit hinein noch recht unsicher. Soviele Begriffe wollen verstanden und unterschiedlichsten Situationen richtig zugeordnet werden: „Jetzt!", „Gleich!", „Moment mal!", „Sofort!", „Warte mal eben!", „Drängel nicht so!", „Mach mal Platz!", „Zurück, zurück!", „Komm her!", „Geh weg!" – gestern, heute, morgen, später, bald, immer, drüber und

---

[33] Abbildungen aus: Doehlemann, Martin: Die Phantasie der Kinder und was Erwachsene daraus lernen können. Frankfurt/M. (Fischer) 1985, Klappentext, S. 22, 23, 121

drunter, hin und her, auf und nieder, hierher, dorthin, wieder
und wieder und wieder . . .

Wie Zeit vergeht, „wohin" sie geht, „woher" sie kommt,
„wie" man sie „hat" oder „nicht hat" – wie soll ein Kind das alles auscinanderhalten und mit inneren Bildern füllen? Musizieren wir mit Kindern, gehen sie besonders spontan und unbewußt mit der Dauer von Geräuschen, Klängen und Tönen um.
Entweder ist ihr Spiel sehr rasch vorbei, oder aber sie finden kein
Ende, spielen sich warm und spielen und spielen und spielen . . .
Hinweise wie: „Das war aber ein langes Musikstück, das nächste Mal versuch, ein bißchen kürzer zu spielen" fruchten meist
nicht! Die Kinder schauen uns groß an und denken vielleicht
insgeheim: „Was ist ein langes Stück Musik? Ob das wohl sowas
wie ein langer Schal ist?" Ein „langes Stück Zeit" ist etwas
höchst Unanschauliches – ein langer Weg von einem Ende des
Raumes zum anderen Ende ist etwas, was ich sehen kann! Ich
kann auch seinen Anfang und sein Ziel sehen. Wenn ich auf diesem Weg gehe, dann wird mir für meine Erfahrung Raum gegeben, und ich habe Zeit gewonnen. Die Struktur, die wir im Raum
schaffen, hilft den Kindern – zunächst unbewußt, später zunehmend bewußter –, die zeitliche Struktur ihres Musizierens zu erleben und zu verstehen.

2.8 Die Eltern gewinnen

Mag sich vereinzelt auch die Situation geändert haben, ich be-
fürchte, daß nach wie vor, landauf und landab, der Kindergarten
vorwiegend für die Kinder da ist und der Kontakt der Eltern
sich auf Rahmenzeiten beschränkt, wenn beim Hinbringen oder
Abholen der Kinder mal kurz um die Ecke geschaut wird:
„Guten Morgen – ich habs heute eilig, bin schon wieder weg."
Oder: „War er heute auch brav? – Nun mach schon, wir müssen
los!"

Aber wie steht es denn mit den Angeboten, die der Kindergarten den Eltern macht? Schwingt nicht auch immer etwas Er-

leichterung mit, wenn die unruhige halbe Stunde des ständigen Kommens und Gehens am Morgen vorbei ist und man endlich mit den Kindern alleine, „unter sich" ist und die „Gefahr" vorbei ist, den Eltern Rede und Antwort stehen zu müssen? Oft habe ich auf Fortbildungsveranstaltungen für Erzieherinnen von einer gewissen Scheu und Unsicherheit im Umgang mit Eltern gehört – auch schwang hin und wieder die Sorge mit, die Eltern könnten möglicherweise nur Kritik an der Arbeit der Erzieherin üben. Die Scheu und Unsicherheit besteht aber meist auch auf der „Gegenseite". Eltern (besonders Väter!) wissen oft nicht so recht, wie sie Kontakt knüpfen sollen, überlassen dann ihr Kind lieber rasch dem „Profi" in Gestalt der Erzieherin und gehen ihrer Wege ...

Es braucht uns aber eigentlich nicht an Themen zu fehlen, um die Eltern gelegentlich für eine sinnvolle Teilnahme am Kindergartengeschehen zu gewinnen. Im folgenden ein paar Beispiele aus dem Bereich der Musik:

2.8.1 Klingender Elternabend

Elternabende finden zumeist zu Beginn eines neuen Kindergartenjahres statt, die Eltern müssen über einige organisatorische Belange informiert werden, sollen die Einrichtung und die Erzieherinnen – und nicht zuletzt auch einander – kennenlernen. Eltern sind auch neugierig, was denn ihren Kindern im Kindergarten so geboten wird. Sie können sicher sein: Die Ankündigung, daß das kreative Musizieren, Singen und Gestalten eine besondere Rolle spielen soll, wird freudige Zustimmung auslösen. Am meisten Eindruck werden eigene Erfahrungen bei den Eltern hinterlassen, die sie in Form einfacher Spiele an diesem Abend machen können:

● Gestalten Sie den Eingangsbereich des Kindergartens als „Klangspaziergang". Hängen und stellen Sie den ankommenden Eltern allerlei Instrumente und klingende Materialien direkt „in den Weg", so daß sie gar nicht anders können, als das eine oder andere Instrument zum Klingen zu bringen ...

- Verteilen Sie Trommeln und allerlei Gegenstände, auf denen man ebenfalls trommeln kann, wie Putzeimer, Schachteln, Holzkisten, Waschmittelbehälter, Köfferchen usw. Alle Eltern und alle Erzieherinnen sollten etwas Trommelähnliches in Händen halten oder sich zum besseren beidhändigen Spiel zwischen die Knie klemmen. Das erste Spiel können Sie „Einmal auf die Pauke hauen" nennen oder auch nach dem Original von *Lilli Friedemann* „Tummelei". Alle dürfen so viel, so laut, so schnell und so durcheinander wie möglich spielen – nur einer Spielregel ist zu folgen: Hat man einmal aufgehört, darf man nicht mehr anfangen ... Sie werden feststellen, daß alle nach anfänglichem Zögern viel Spaß beim „Krachmachen" haben werden und daß Sie anschließend in einer viel gelösteren Stimmung Ihren Elternabend beginnen können ...
- Regen Sie die Eltern an – nach einem anstrengenden Informationsblock –, sich zur Enspannung ein wenig im Kindergarten umzusehen und einmal „alles, was klingt", zusammenzutragen. Lassen Sie dann in Kleingruppen „Klangfamilien" bilden, z. B. sollen alle Rasseln und rasselähnlichen Instrumente und Gegenstände eine Familie bilden, oder alle hölzernen Klänge ...
- Sie wollen die „Klangfamilien" kennenlernen und machen einen Spaziergang. Falls Sie ein Instrument (z. B. Blockflöte oder Gitarre) spielen, dann begleiten Sie sich auf ihrem Weg selbst. Wenn Sie bei einer Gruppe ankommen, „begrüßen" Sie die Familie, die mit ihrem Klang „antwortet" ...

Reflektieren Sie mit den Eltern ein wenig, was bei solchen Spielen eigentlich abläuft. Erzählen Sie von der wichtigen Ebene der nichtverbalen Kommunikation, auf die gerade kleine Kinder noch oft und gerne zurückgreifen und die in der Welt der Musik in besonderer Weise ein Zuhause hat ...

Lassen Sie sich über diese wenigen Beispiele hinaus von vielen Spielsituationen in diesem Buch anregen, Spielformen für Erwachsene daraus zu entwickeln – Sie werden merken, daß es gar nicht so schwer ist, auch Erwachsene zu einer ihnen gemäßen Form des *Elementaren Musizierens* zu bringen!

2.8.2 Instrumentenbastelnachmittag

Eine Möglichkeit, das Instrumentarium im Kindergarten aufzubessern, ist, es selbst zu bauen – am besten mit vielen Helfern und Helferinnen, am allerbesten gemeinsam mit den Eltern! Laden Sie zu einem geselligen „Bastelnachmittag" ein, z. B. an einem trüben Samstag im November . . . Gestalten Sie eine anregende Einladung für diesen Nachmittag, die nicht nur die Eltern mit ihren Kindergartenkindern, sondern auch deren ältere Geschwister ansprechen sollte. Vorbereitung heißt hier das Zauberwort: Die Einladung hat auch eindeutige Hinweise auf das mitzubringende Material zu beinhalten sowie die Bitte um bestimmte Werkzeuge, die der eine oder andere Vater vielleicht sogar persönlich mitbringt und einsetzt . . . Sehr hilfreich ist es, wenn die Erzieherin die Instrumente, die gebaut werden sollen, vorher schon einmal probeweise selbst hergestellt hat; damit kann sie manch unliebsamer Überraschung vorbeugen. Es werden an diesem Nachmittag an verschiedenen Arbeitsplätzen Instrumente *für* die Kinder (von den Eltern und älteren Geschwistern) wie auch *von* den Kindern selbst gebaut werden (siehe dazu die Vorschläge auf den Seiten 120-135 und die Literaturhinweise). Kleinkinder werden von einer Erzieherin bzw. abwechselnd von einzelnen Eltern betreut. Bastelnachmittage können natürlich auch zu anderen Themen im Laufe des Kindergartenjahres angeboten werden und so allmählich zu einer Dauereinrichtung werden . . .

2.8.3 Elternkonzert

Anhand der Anmeldeformulare für die Kinder können Sie sicherlich herausfinden, ob die eine oder andere Mutter, der eine oder andere Vater beruflich etwas mit Musik zu tun hat. Ein Kantor ist oft auch als Organist tätig, eine Musiklehrerin mußte während ihres Studiums auf alle Fälle zwei Instrumente belegen, ein Orchestermusiker hat erst recht keine Ausrede, wenn es darum geht, daß Eltern einmal ein Konzert für ihre Kinder im

Kindergarten geben – und vergessen Sie nicht, daß es wahrscheinlich auch sehr qualifizierte Freizeitmusiker und -musikerinnen unter den Eltern gibt! Sie betätigen sich sozusagen als Konzertagentin, versuchen zunächst einmal herauszufinden, ob es musizierende Eltern gibt und welche Instrumente vertreten sind, und helfen dann, daß das „Ensemble" sich zusammenfindet und Übemöglichkeit in den Räumen des Kindergartens erhält.

Vielleicht überlegen Sie, ob man das Anmeldeformular nicht um zwei Fragen ergänzt, nämlich:

1. „Spielen Sie (oder ein Familienmitglied) ein Instrument? Wenn ja, welches?"

2. „Wären Sie bereit, bei Gelegenheit einmal bei einem Konzert im Kindergarten mitzuwirken?"

Mit den Antworten in der Schublade können Sie dann für eine solche „Elternkonzertaktion" viel Zeit und Kraft sparen.

(Siehe auch: „Konzert im Kindergarten", S. 146)

2.8.4 Zuhörer gesucht!

Wie oft entstehen im Laufe der musikalischen Arbeit kleine „Miniaturen", die durchaus vorzeigbar bzw. anhörbar wären – aber niemand ist da... Regen Sie doch die Eltern an, sich manchmal die Zeit zum Hinbringen und Abholen ein wenig großzügiger einzuteilen, um zunächst einfach einmal „Mäuschen" zu spielen für das, was sich gerade bei ihrem Kind abspielt. Da bestimmte musikalische Spielprojekte sich über Tage, manchmal sogar über Wochen ziehen, gibt es in allen Phasen interessante Momente, die Erzieherin und Kinder Eltern jederzeit spontan zu Gehör bringen könnten... Das klingt vielleicht erschreckend in Ihren Ohren; Sie mögen denken: „Was die Kinder da auf den Instrumenten machen, ist doch nichts zum Vorführen!" – aber versetzen Sie sich in die Lage der Kinder – sie können nur sehr unzureichend über ihre musikalischen Erfahrungen und Erlebnisse zu Hause berichten, sie können sich nur im Medium selbst ausdrücken und mitteilen. Es ist eine Frage des „Angebots" und der „Nachfrage". Das heißt, daß Eltern mehr und mehr nach „Mäuschenzeiten" fragen werden, je offensiver Sie Angebote in dieser Richtung machen.

2.8.5 Mitspieler gesucht!

Zuguterletzt: Wenn Sie Lust und Mut für ein größeres Projekt entwickelt haben und zum Abschied für eine Gruppe Schulanfänger im Rahmen eines Sommerfestes einmal zusammenführen wollen, was sich das ganze Jahr über im Bereich des *Elementaren Musizierens* so getan hat, würde diesem „Konzert" ein besonderer Reiz gegeben, wenn Sie auch Eltern als Mitspieler und -gestalter gewinnen könnten. Für die beteiligten Kinder bedeutet die Mitwirkung der Eltern ein besonderes Erlebnis! Die Mischung der Altersstufen, die uns im Rahmen der Kindergartenarbeit schon so selbstverständlich geworden ist, sollte öfter einmal im Verständnis noch weiter ausgedehnt werden und im gemeinsamen Gestalten zum echten Familienspiel führen. Das *Elementare Musizieren* bietet der Erzieherin viele Situationen und das entsprechende Instrumentarium, um jedem (frei)willigen Mitmenschen, egal welchen Alters und welcher musikalischen Vor- oder Nichtbildung, das Mitspielen zu ermöglichen. Probieren Sie es!

3   Das Elementare Instrumentarium

Wir verstehen darunter alle Instrumente, die in Bau und Spielweise *Körpernähe* aufweisen. Das bedeutet, daß diese Instrumente durch Schlagen, Reiben, Schütteln, Blasen, Zupfen oder Streichen direkt mit Teilen des Körpers (Händen, Mund) oder Hilfsmitteln (Schlägeln, Bogen, die von Hand geführt werden) in Berührung kommen und zum Klingen gebracht werden. Darüberhinaus sollen elementare Instrumente so konstruiert sein, daß ohne aufwendige spieltechnische Studien Geräusche, Klänge und Töne unmittelbar zum Musikmachen eingesetzt werden können – ganz besonders betrifft das die elementaren Toninstrumente! Neben den von *Carl Orff* in ihrer uns bekannten Form konzipierten Stabspiele (Xylophone, Metallophone und Glockenspiele) können wir heute auch elementare Saiteninstrumente zum Zupfen und Streichen (Zupf- und Streichpsalter u. a. m.) und elementare Blasinstrumente, wie vor allem die Lotosflöte (eine Zugkolbenflöte), sowie diverse Ein, Zwei- und Dreitoninstrumente (wie z. B. Orgelpfeifen und andere Pfeifen) für Spielformen des *Elementaren Musizierens* einsetzen.

An erster Stelle stehen natürlich alle direkten Körperinstrumente: die Stimme als Erstinstrument des Menschen wie auch das Klatschen, Patschen, Stampfen und Schnipsen/Schnalzen als von Händen und Füßen erzeugte Klänge und Geräusche. „Körperschlagzeug" („Bodypercussion") wird heute dazu auch gesagt – von Kopf bis Fuß bringen wir uns selbst zum Klingen! Ebenso genüßlich wollen wir unsere alltägliche Umgebung „abhorchen", unser Zimmer zum Klingen bringen und uns auf „Klangspaziergänge" verschiedenster Art machen.

Im folgenden möchte ich vor allem für die vielen verschiedenen Instrumente „Stimmung machen", Neugierde wecken, anregen, selbst Instrumente zu bauen und bauen zu lassen, zu sammeln, ihre Spielmöglichkeiten zu entdecken. Ich möchte Mut machen, sich auf neue Instrumente einzulassen und die Instrumente selbst als Quelle des kreativen Umgangs mit Musik im Kindergarten zu erfahren. Es geht nicht so sehr um „richtige" oder „falsche" Handhabung! Beim *Elementaren Musizieren* steckt das Spiel mit Geräuschen, Klängen und Tönen einen weiten, offenen Rahmen, einen großen „Spielraum" ab. Wesentlich ist die Entwicklung von Vertrautheit und Achtung im Umgang mit den Instrumenten – das eine bedingt das andere. Das vor allem gilt es den Kindern zu vermitteln![34]

3.1 Klingende Materialien

Bevor wir uns mit dem reichhaltigen Angebot des elementaren Instrumentariums befassen wollen, können wir den Blick in unserer unmittelbaren Nähe über all die Gegenstände schweifen lassen, die uns tagtäglich umgeben und die meist durchaus brauchbare Geräusche, Klänge und sogar Töne von sich geben. Später dann wollen wir uns auf einen Spaziergang begeben und einmal ausprobieren, welche Klänge wir im Wald, am Bach, auf der Wiese oder auf einem Spielplatz „einsammeln" können.

3.1.1 Alltagsmaterial

Im Alltag übersehen und überhören wir oft, was Kinder alles von alleine entdecken. Lassen Sie sich während des Tages immer wieder Zeit, die Kinder bei ihren Erkundungen zu beobachten! Aus dem, was Sie dabei alles zu sehen und zu hören bekommen, könnten Sie für weiterführende Spiele viel reizvolles Material

---

[34] Wer sich genauer informieren möchte über die gebräuchliche Spielweisen aller angeführten Instrumente, findet sehr gute Hinweise in dem kleinen Büchlein „Orff-Instrumente und wie man sie spielt" von Ingeborg Rathmann oder auch im Service Heft (L 61) der Instrumentenbaufirma *Studio 49* mit dem Titel „Orff-Schulwerk – die Instrumente".

schöpfen. Da steht z. B. ein Kind am Fenster und schaut hinaus. Dabei beginnt es gedankenverloren den Vorhang immer ein wenig hin- und herzuschieben. Es raschelt leise, oben in der Vorhangschiene erzeugen die Plastik- (oder Metall-)teilchen ein leise schabendes Geräusch. Das Kind nimmt das plötzlich wahr und schaut jetzt nach oben, dorthin, woher das Geräusch kommt. Es wiederholt seine Bewegungen am Vorhang und beginnt sie auch zu variieren. Meist steigert das Kind das Tempo und das Ausmaß der Bewegung, was nun spätestens eine Erzieherin auf den Plan ruft, die ein solches Tun wahrscheinlich rasch beendet, weil die ganze Entstehungsgeschichte von ihr nicht beobachtet worden ist . . . Natürlich soll der Vorhang nicht mitsamt der Schiene herunterkommen! Aber die kleine Geschichte sollte deutlich machen, daß Kinder den ganzen Tag auf Entdeckungsreise sind und wir Erwachsene viel zu oft gedankenund achtlos daran vorübergehen, anstatt manche Gelegenheit aufzugreifen, um einer zufälligen Entdeckung eine Struktur zu geben. Man kann auch sagen: Versuchen wir öfter einmal, aus alltäglichen Zufällen Einfälle werden zu lassen . . .

Neben einer „Zimmermusik" kann einmal ein „Abfallorchester" für einen Umwelttag proben; ein „Küchenorchester" zur Muttertagsfeier ein Lied begleiten, daß auch Väter kochlöffelschwingend einbeziehst; Zeitungen dienen uns dazu, richtige „Reißer" und „Knüller" zu komponieren, und Joghurtbecher haben viel zu plappern und zu klappern, wenn der Tag lang ist! (Genauere Beschreibungen finden Sie bei den *Spielsituationen* ab S. 73.)

3.1.2 Naturmaterial

Steine, Äste, Wasser, Luft . . . – wenn wir in natürlicher Umgebung sind, lassen sich viele schöne Klänge „aufsammeln" wie hübsche Steine und interessant gebogene Äste. Aber schon das Klopfen der Regentropfen an die Fenster oder auf Dach und Regenrinne erlauschen die Kinder mit Aufmerksamkeit und Interesse – wie rasch kann sich daraus eine Regenmusik entwickeln, in Verbindung mit einem Regenlied oder -gedicht. Draußen genauso wie drinnen bringen Kinder ihre Umwelt zum Klingen. Ob sie mit einem Stück Holz an einem Lattenzaun vorbeischrappen oder Steine gegeneinanderschlagen; ob sie versuchen, auf Grashalmen zu flöten, oder Muscheln ans Ohr halten, um das „Meeresrauschen" darin zu hören . . . Im Herbst lockt das trockene, raschelnde Laub, im Winter das Knacken des Eises, das man gefahrlos über Pfützen zertreten kann, im Herbst und Frühjahr das herrliche Platschen, wenn (gut beschuht mit Gummistiefeln) direkt in die Pfützen gesprungen wird. Jede Jahreszeit und jede Umgebung hat ihre eigenen Klänge – einen ganz feinen habe ich aus meiner Kindheit noch in Erinnerung: ein schmatzendes kleines Platzgeräusch, das die kleinen weißen Beeren (auch Schneebeeren genannt) eines Busches von sich gaben, wenn man sie mit der Schuhspitze rasch und dennoch leicht zertrat . . .

3.2 Orff-Instrumentarium

Die meisten Instrumente, die heute in der musikpädagogischen Praxis mit Gruppen in Kindergarten und Schule eingesetzt werden, faßt man unter dem Begriff „Orff-Instrumentarium" zusammen. Jede Erzieherin, jeder Lehrer, jede Lehrerin weiß sofort (zumindest im großen und ganzen), welche Instrumente damit gemeint sind. *Erfunden* allerdings hat *Carl Orff* diese nach ihm benannten Instrumente nicht! *Gefunden* und *wiederentdeckt* hat er sie für ihren Einsatz bei Kindern und anderen musikalischen Laien – das trifft den Kern der Sache besser. *Entwickelt* hat er die uns heute bekannte Form der Stabspiele mit einem Holzkasten als Resonanzkörper. Alle anderen Instrumente, alle Instrumente des sogenannten „Kleinen Schlagwerks", alle Fellinstrumente wie Trommeln und Pauken gibt es seit Urzeiten bei den Völkern dieser Erde in den unterschiedlichsten Ausführungen. *Orff* hat sich viel mit dem Musik- und Tanzethnologen *Curt Sachs* unterhalten, hat ihn in Berlin besucht und sich von ihm beraten lassen.

3.2.1 Stabspiele (Xylophone, Metallophone, Glockenspiele)

1930 wurde erstmalig durch den Münchener Instrumentenbauer *Karl Maendler* auf Anregung und Vorschläge *Carl Orffs* ein Altxylophon und bald darauf auch ein Sopranxylophon gebaut. Nachdem die ersten Instrumente noch einen geschnürten Stabsatz hatten (wie auch ähnliche Instrumente aus Thailand), erhielten bald darauf die Stabspiele Metallstifte, in denen die Stäbe lagen und wodurch sie auswechselbar wurden.

Drücken Sie einem kleinen Kind zwei Schlägel in die Hand, stellen Sie es vor ein Xylophon, und es wird zu spielen anfangen. Der erste Schlag auf das Instrument läßt das Kind aufhorchen – „War ich das?" mag es sich fragen, bevor es den Schlag gleich noch einmal probiert und sich auf diese Weise sicher eine ganze Weile fröhlich weiter betätigen wird. Es ist einem glücklichen Zufall und meinem photographierenden Vater zu verdanken, daß ich Ihnen mich selbst in ebensolcher Spielsituation vorstellen darf:

Stabspiele regen nicht nur zum Spielen an. Viele Kinder beginnen schon bald, das Instrument auseinanderzunehmen, sein „Innenleben" genauer zu untersuchen, wollen „hinter die Kulissen" schauen. Diesem Explorationsdrang sollte genügend Raum gegeben werden, damit über das Tasten und Schauen das Instrument kennengelernt werden kann. Was ich kenne, kann ich (ein)schätzen; damit ist die Basis geschaffen für die oben bereits geschilderte Vertrautheit mit einem Instrument – die Grundlage jedes wertvollen Musizierens.

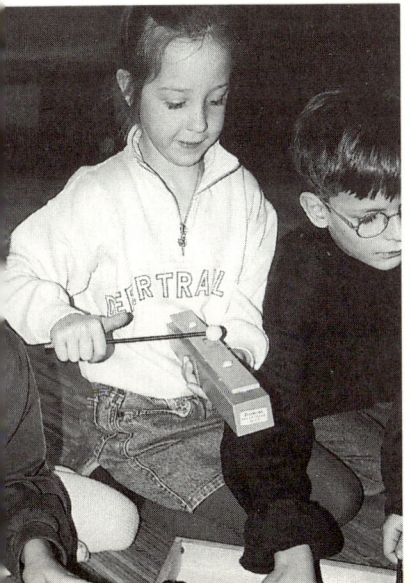

3.2.2 Klangbausteine

Besondere Spielmöglichkeiten bieten die einzelnen Klangbausteine, die es heute in verschiedenen Zusammenstellungen in praktischen Holzkoffern gibt. Empfehlenswert sind wegen der Klangqualität vor allem die einzelnen Metallophonstäbe. Es werden auch Xylophon-Klangbausteine angeboten, deren

Klang aber weit hinter dem eines ganzen Xylophons zurückbleibt und dadurch wenig animierend auf Kinder wirkt. Die gute Klangqualität aller Instrumente, die man Kindern in die Hand gibt, ist immer erstes und wichtigstes Auswahlkriterium beim Kauf wie beim Spieleinsatz von Instrumenten.

Reizvoll (aber teuer!) sind die einzelnen Baß- und Subbaß- (sehr tief) stäbe, die vor allem in der Arbeit mit Gehörlosen und Hörbehinderten eingesetzt werden. Durch das Spiel mit solchen Baßklangstäben können Kinder (auch mit normal entwickeltem Gehör) Musik nicht nur hörend wahrnehmen, sondern ihre Schwingungen mit dem Körper spürend aufnehmen. Oftmals eine ganz besondere Erfahrung!

3.2.3 Trommeln

Nachdem *Carl Orff* im Alter von drei Jahren mit dem Fleischklopfer am Klavier erwischt wurde, erhielt er zum Trost eine Trommel. Er schreibt dazu: „. . . doch das war kein richtiger Ersatz. Trommeln allein war mir bald zu langweilig, so erfand ich ,Trommelgeschichten': ich erzählte zum Trommeln selbsterfundene Geschichten oder sang dazu alte Trommellieder und Trommelreime mit eigener Melodie."[35]

„Am Anfang war die Trommel – die Trommel lockt zum Tanz", schreibt *Carl Orff* später in seinen Aufzeichnungen über die Anfänge seiner Versuche mit *Elementarer Musik*. Und die Trommel lockt alle Menschen, groß und klein zum Spiel. Unbefangen beginnt ein jeder zu trommeln, niemand fragt sich: „Kann ich das denn überhaupt?" Trommeln „kann man". Trommeln finden sich in allen Kulturen der Welt, in allen Zeiten unserer Menschheitsgeschichte, und wir Menschen, die wir im kleinen unseres persönlichen Lebens die große Entwicklung der Menschheit noch einmal nachvollziehen, werden fast magisch

---

[35] Orff, Carl: Carl Orff und sein Werk. Dokumentation. Band 1: Frühzeit. Tutzing (Schneider) 1975, S. 21

angezogen vom Klang der Trommel, als ob wir uns an die Rituale unserer Vorfahren erinnern würden. Stellen Sie viele Trommeln in einen Raum, und lassen Sie Kinder sich dort ungestört und ungesteuert aufhalten – und sie werden spielen und spielen und spielen . . .

Sie brauchen keine Aufgabenstellung und keine Vorstellungshilfe; keine Geschichte, kein Gedicht und kein Lied – sie brauchen nur die Instrumente, den Raum und die Zeit und werden trommelnd musizieren und nach einiger Zeit des freien, ungebundenen, experimentierenden Spiels nach Formen suchen oder sie spielend finden und durch Reaktion und Variation entdecken, durch Wiederholung und spielende, trommelnde Kommunikation mit den anderen Trommlern.

Die Kinder werden nicht schweigend trommeln, sie werden sich zu ihrem Spiel, über das Spiel hinweg unterhalten, werden sich etwas zurufen, und sie werden sich beim Spiel bewegen, sie werden regelrechte Trommeltänze aufführen!

Entdecken Sie selbst wieder und wieder: Die Instrumente selbst sind die Aufgabenstellung, sind spielauslösend, das Spiel selbst entwickelt Spielregeln und musikalische Strukturen. Wenn Sie sich leitend als Erwachsener einmischen, mischen Sie sich spielend unter das „spielende Völkchen" der Kinder.

3.2.4 Kleines Schlagwerk

In den Katalogen der Instrumentenbaufirmen findet sich eine reiche Zahl von Instrumenten des sogenannten „Kleinen Schlagwerks". Wie oben bereits angemerkt, findet man all diese Klangerzeuger aus Holz, Metall und anderern Naturmaterialien in allen Kulturen der Welt in den unterschiedlichsten Formen und Farben. Heute sind unsere Bezugsquelle dieser leicht spielbaren und vielseitig klingenden Instrumente nicht mehr alleine der Musikinstrumentenhandel, sondern auch alle Geschäfte, in denen es Volkskunst aus aller Welt gibt, oft unter dem Begriff „Dritte Welt Läden" bekannt und überall verbreitet. Ich möchte anregen, möglichst unterschiedlichste Vertreter dieser Instrumente den Kindern zum Musizieren zur Verfügung zu stellen, damit der Reichtum der Klänge, aber auch die äußere Ausformung der Instrumente neben den zum Musizieren angebotenen Spielregeln und -anlässen primär auf die Motivation und zudem auf die Phantasie der Kinder wirken können!

3.2.4.1 Rasseln

Rasseln gehören nach *Curt Sachs* nicht nur zu den urältesten Instrumenten der Menschheit, sondern meist auch zum allerersten

Rasseln aus Birkenrinde und Holzspänen aus Russland; Maracas und Caxixi (sprich: Kaschischi) aus Südamerika; Cabassa aus Afrika und als Nachbau; Rasselrohr, Kugelrassel, Rasselbüchse als Nachbau unserer heimischen Firmen.

Instrument in der Hand des Kindes. Die Phantasie der Völker ist unermeßlich, wenn es darum geht, Hohlkörper mit kleinen Dingen zu füllen, die beim Schütteln die verschiedenartigsten Klänge erzeugen.

Als besonderes Exemplar ist der Regenstab hervorzuheben, den es in verschiedenen Größen gibt und dessen rieselndes, rauschendes Geräusch die Kinder fasziniert. Erzeugt wird dieser Klang durch viele kleine Steinchen, die im Inneren eines hohlen Astes an nach innen geschlagenen Nägeln verlangsamt vorbeifallen.

Für viele Spiele von großem Reiz sind auch alle klingenden, klirrenden und scheppernden Glöckchen, Schellen, Schellenrasseln, gekauft oder selbstgebaut.

Je unterschiedlicher der Klang vieler verschiedener Rasseln ist, umso mehr fühlen sich Kinder angesprochen, ein solch „klangfarbiges" Spielmaterial eingehendst zu untersuchen und zu „bespielen". *Vieltönigkeit vor Eintönigkeit* heißt es bereits bei so einfachen Instrumenten wie den Rasseln – diesem Grundgedanken wollen wir auf der Spur bleiben!

3.2.4.2 Instrumente aus Holz

„Tock-tock", „peck-peck", „klick-klack", „tackerditack" – so und noch anders klingt es, wenn wir auf Hölzernes klopfen, und wir denken dabei an einen Specht, der einen Baum bearbeitet, eine tickende Uhr, Hagelkörner, die auf das Dach trommeln, oder an einen Arbeiter, der Nägel einschlägt. Klopfgeräusche aller Art sind begleitet von einer Vielzahl von inneren Bildern (Assoziationen), die auch schon bei kleinen Kindern in erstaunlicher Breite wachgerufen werden können.

Bei den Holzinstrumenten aus aller Welt haben wir es zum Teil auch wieder mit Hohlkörpern zu tun, aber sie sind leer und

Tempelblocks aus China und als Nachbau unserer heimischen Firmen.

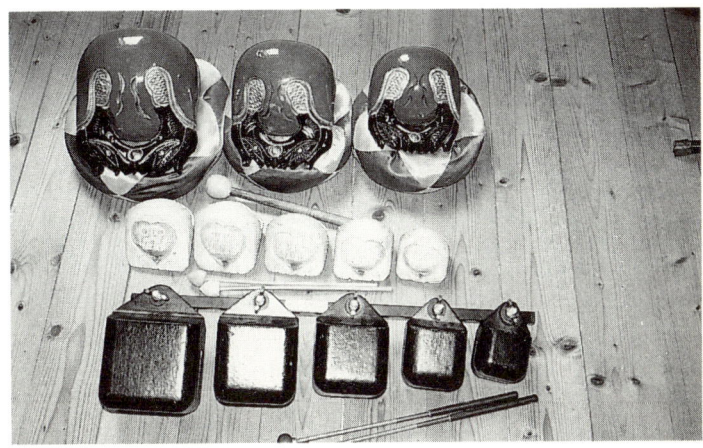

Verschiedene Holzblocktrommeln, Holzröhrentrommel und Klanghölzer der heimischen Firmen; Holzschlitztrommel aus Afrika; neue Holzschlitztrommeln der heimischen Firmen und selbstgebaute.

Verschiedene Instrumente aus Holz: Kokosnußschalen; Ratsche; südamerikanisches Recco-Recco; chinesische Klapper; russische Löffel; spanische Kastagnetten; Vibraslap (ein besonderes Effektinstrument); Kokoriko („Holzschlange") aus Japan.

beginnen erst zu klingen, wenn wir sie mit einem Schlägel oder einem schlägelähnlichen Gegenstand beklopfen – darauf kommen Kinder natürlich ganz rasch von alleine. Konfrontieren Sie Kinder mit allerlei Holzhohlkörpern, und verstecken Sie zunächst die Schlägel: Sie werden von der Findigkeit der Kinder überrascht sein! Entweder klopfen sie zwei Hohlkörper aneinander (nachdem sie schüttelnd festgestellt haben, daß sie so nicht klingen), oder sie klopfen sie gegen den Boden oder suchen sich andere Gegenstände, die sie als Schlägelersatz verwenden können. So oder so ähnlich mögen solche Instrumente auch entstanden sein – aus der Lust und der Muße am Ausprobieren!

3.2.4.3 Instrumente aus Metall

Eine neue Farbe kommt mit den Instrumenten aus Metall ins Spiel. Diese Instrumente entwickeln ein ganz besonderes Eigenleben. Berühre ich sie nur kurz mit einem Schlägel oder mit der Hand, beginnen sie zu klingen – und wenn ich Geduld habe und nicht gleich hingreife, hören sie so schnell nicht wieder auf. Wieder sollten Kinder viel Gelegenheit zum „Aushorchen" erhalten. Lassen Sie ein Kind mit einem Instrument seiner Wahl einmal ganz alleine in einer Ecke des Raumes (eventuell auch etwas weiter weg von den anderen Kindern, ohne Blickkontakt, im Vorraum etwa), und beobachten Sie aus der Ferne, was passiert. Das laute, unsensible Draufloshauen auf ein Becken etwa, das immer wieder von Erzieherinnen beklagt wird, ist unter anderem auch zu einem großen Teil eine Form von „Imponiergehabe" den anderen Kindern beim Gruppenspiel gegenüber. Fühlt sich das Kind aber unbeobachtet und mit dem Instrument alleine „im Gespräch", dann sind ganz andere Aspekte des Spiels mit dem Becken interessant; es wird rasch beginnen, recht feinsinnig zu gestalten.

Becken, Triangel, Fingercymbeln; chinesische Becken, kleiner Gong und Doppelglocke; japanische Miniklangschale; Flexaton (ein besonderes Effektinstrument)

3.3. Saiteninstrumente

Die Vielzahl elementarer Saiteninstrumente aller Kulturen dieser Welt ist unüberschaubar groß. Vom einsaitigen Musikbogen über zweisaitige Spießgeigen und vielsaitige Monochorde, die einen fast überirdischen Sphärenklang erzeugen – vielfach klingt ein und dieselbe Saite –, bis hin zu Zupf- und Streichpsalter sowie Kanteles und Harfen mit verschiedenlangen Saiten. Ein reichhaltiges Angebot, das auch bereits von verschiedenen Firmen und privaten Initiativen, wie der „Klangwerkstatt" in Markt Wald, auf dem Instrumentenmarkt angeboten wird. Aber – in welchem Kindergarten gibt es wirklich ein qualitativ hochwertiges elementares Saiteninstrument? Zurecht gilt ein Vorwurf dem traditionellen orffschen Instrumentarium, das vorwiegend ein *Schlag*werk ist, also aus Instrumenten besteht, die durch *Schlagen* zum Klingen gebracht werden. Daraus haben Kritiker immer wieder abgeleitet, daß das Spiel auf den Orff-Instrumenten Aggressivität fördere und zu undifferenziertem, lau-

Von links: Die türkische Sas, die russische Balalaika, die hawaiianische Ukulele, die südamerikanische Charango, die chinesische Pipa.

ten *Herumgedresche* verführe. Daß das nicht sein muß, möchte ich gerne anhand einiger Spielsituationen verdeutlichen – dennoch liegt ein Körnchen Wahrheit in der Kritik. Auch ich bin der Meinung – und greife dabei neben meinen eigenen Beobachtungen auf die Erfahrungen vieler Kolleginnen und Kollegen zurück –, daß für Kinder neben den elementaren Schlaginstrumenten die elementaren Saiteninstrumente von ebensogroßem Reiz und ebensolcher Wichtigkeit sind.

3.3.1 Zupfinstrumente

Den Finger an die gespannte Saite legen, etwas dagegen drücken – und beim Abrutschen auf die nächste Saite macht es wunderschön „pling"! Rasch rutscht der Finger jetzt weiter von einer Saite zur nächsten bis zur letzten, und dann rasch wieder oben angefangen – das Ganze noch mal und immer wieder, immer wieder . . . Drückt man kaum, dann streichelt der Finger die Saiten, sie flüstern nur ganz zart: „Ding, ding, ding." Je fester man drückt, umso lauter klingt das „Pling", oder die Saite beginnt zu klirren – Vorsicht: Sie kann sogar reißen!

Wieder und wieder: Das eigene Ausprobieren ist wichtig und unerläßlich für den Kontakt, den ich mit dem Instrument herstellen möchte. Aber Kinder verschließen sich keinesfalls sachlicher Information – ja, sie erwarten von uns Erwachsenen Hilfe, wenn wir es nicht übertreiben und ihnen jede Entscheidung, jede Verantwortung und damit jede Erfahrungsmöglichkeit aus der Hand nehmen . . .

Seit vielen Jahren bereits haben Hunderte von Kindern zwischen drei und zwölf Jahren meine Saiteninstrumente gespielt, niemals ist ein Instrument ernsthaft zu Schaden gekommen. Kinder wissen Wertvolles zu schätzen, wenn man ihnen das zutraut!

3.3.2 Streichinstrumente

Das Streichen ei-
ner Saite ist ein
besonderes Erleb-
nis. Ich kann da-
durch einen end-
los langen Ton er-
zeugen, wenn ich
die Geduld dafür
aufbringe. Aber
auch das rasche
Hin und Her auf
den Saiten ist ein
reizvoller Klang,
und wenn ich den
Bogen ganz fest
auf die Saite
drücke, dann
klingt es, als

knarre eine uralte Tür in einem Schloß . . . Wenn ich auf der höchsten Saite des Streichpsalters so rasch und leicht wie möglich den Bogen bewege, gibt es ein Schwirren wie von tausend Mücken in der sommerlichen Mittagshitze.

Auch in den elementaren Streichinstrumenten ist eine Vielzahl von Geräuschen, Klängen und Tönen versteckt, die alle immer wieder von neuem auf ihre Entdeckung warten.

3.4 Blasinstrumente

Ein Blasinstrument wird durch unseren Atem zum Klingen gebracht. Der geblasene Ton ist unserer Stimme sehr nahe, die auch vom Atem getragen wird. Schon zwei- und dreijährige Kinder blasen gerne kraftvoll in Pfeifchen und Tröten, die nicht nur herrlich laute und komische Geräusche von sich geben, sondern durch den Luftstrom manchmal sogar eine lange „Zunge" herausstrecken können. Dieses Klangspielzeug möchte ich nicht näher unter den folgenden Instrumenten beschreiben, aber es sei an dieser Stelle darauf hingewiesen, daß auch Klangspielzeug einen Platz in verschiedensten Spielsituationen rund um alles, was klingt, bekommen soll. Denn es geht bei unseren Spielen mit Geräuschen, Klängen und Tönen nicht um den „schönen" oder gar „richtigen" Ton (was immer das überhaupt heißen mag . . .), sondern vielmehr um „deinen" Ton und um „meinen"!

3.4.1 Lotosflöte

Es gibt kaum ein Kind, das nicht anfängt zu lachen, wenn es zum ersten Mal das auf- und abwärtsschleifende Glissando einer Lotosflöte hört! Das Kind „versteht" einfach sofort, daß diese Flöte „reden" kann. Sogleich will es selbst einmal probieren. Ist jetzt eine zweite Lotosflöte zur Hand, kann gleich ein Gespräch in Gang kommen. Zuhörende Kinder werden mit offenem

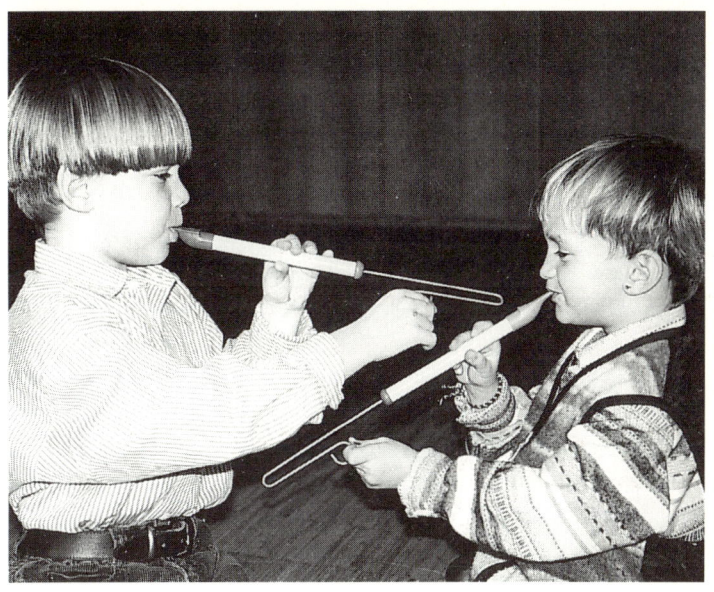

Mund dabeisitzen, lachen und verstehen – und schließlich selbst drankommen wollen!

3.4.2 Panflöte

Erstaunlich schnell beherrschen Kinder die Anblastechnik, die einer Panflöte aus Bambus die Töne aus den verschiedenlangen Röhrchen entlockt. Sie haben wahrscheinlich vorher oft genug mit Erfolg eine Flasche angeblasen. Kindern kommt immer wieder zugute, daß sie an die Handhabung eines neuen Instrumentes nicht zuallererst mit „Köpfchen" herangehen, sondern nach kurzem Betrachten und Befühlen einfach mit viel Geduld ausprobieren, bis es klappt.

Panflöten gibt es auch aus Plastik und in einer Bauart, die es ermöglicht, nur durch Hineinpusten Töne entstehen zu lassen. Einer solchen Panflöte fehlt der typische, leicht hauchige Klang – sie gehört eher zum Klangspielzeug.

3.4.3 Orgelpfeifen

Wird in Ihrem Ort gerade eine Kirche renoviert? Dann erkun-
digen Sie sich gleich, ob auch die Orgel gewartet wird! Vielleicht
haben Sie Glück, und es werden ein paar alte Orgelpfeifen ausgetauscht, die Sie dann stolz in den Kindergarten tragen können.
Sie können aber auch auf Flohmärkten ihre Augen offen halten
oder mit einem Orgelbaumeister Kontakt aufnehmen.

Bevorzugt zu empfehlen sind die Orgelpfeifen aus Holz, die
es genauso wie die aus Metall in allen Größen gibt – nur sieht
man sie meist nicht, da sie fast immer im Inneren der Orgel Verwendung finden. Die Orgelpfeifen aus Metall sollten rund um
das Anblasloch mit einem Stofftesaband sorgfältig abgeklebt
werden, da sie zinnhaltig sind und die Kinder beim Blasen immer auch an der Orgelpfeife lutschen und darüber das Zinn aufnehmen könnten.

Gerade die etwas größeren und tieferen Orgelpfeifen lassen sich
als Nebelhörner, Schiffssirenen, Lokomotivtuten und Eulenrufe

sehr überzeu-
gend in Spiele
einbauen. Aber
auch unabhän-
gig von inhaltli-
chen Vorstell-
lungen dieser
Art fühlen sich
Kinder stark
von den Orgel-
pfeifen angezo-
gen und ge-
nießen den war-
men, dunklen
Ton, den sie
selbst durch
eigene Kraft
lang ausdehnen
und wiederho-
len können.

3.4.4 Okarina und Kuckucksflöten

„Tönender Ton" werden Okarinas auch genannt. Seit Urzeiten
bereits finden sich diese Tonflöten in allen nur erdenklichen
Formen, abstrakt wie konkret Tiere, Menschen und verschiedene Gefäße darstellend, bei fast allen Kulturen der Welt. Sie
gehören nicht mehr zu den einfachsten Instrumenten, was ihre
Spielweise betrifft. Für Kinder gut bewältigbar sind Okarinas
ohne oder mit einem Loch oder mit zwei bis höchstens vier
Löchern. Das, was Okarinas auch bei kleinen Kindern so gut als
Blasinstrument einsetzbar macht, ist, daß sie auch dann ange-

Okarinas aus verschiedenen Ländern

nehm klingen, wenn man von den vorhandenen Löchern gar keines zudeckt. So kann man dem „Vögelchen", „Hähnchen", „Pferdchen" und „Reiter" aus Ton allemal einen hübschen Ton entlocken!

3.4.5 Kazoo (die „verkleidete" Stimme)

Haben Sie als Kind auch auf dem Kamm geblasen? Dann kennen Sie die einfachste Form des Kazoos (sprich: Kasú) bereits. Eigentlich müßte es richtigerweise heißen: „auf dem Kamm singen", denn erst durch den Sington, der durch eine mitschwingende Membran verändert wird, beginnt etwas zu klingen. Heute kann man Kazoos in jedem Musikgeschäft kaufen – oder man bastelt sich selbst welche (siehe S.129).

Haben Kinder erst einmal herausgefunden, wie es zu dem merkwürdig schnarrenden Klang kommt, dann ist ihre Spielfreude an ihrer so lustig verkleideten Stimme kaum mehr zu bremsen!

3.5. Selbstbauinstrumente

Über das Selbstbauen von Instrumenten für und im Kindergarten wurden schon viele
brauchbare Bücher verfaßt,
die weiter hinten (ab S. 151)
angeführt sind. Auch haben
diesbezüglich die meisten Erzieherinnen recht viel Eigen-
erfahrung und bringen eine
gute Motivation für diesen
Bereich .mit. Instrumente
selbst zu bauen, ist ein Tätig-
keitsbereich, der im Schnitt-
punkt zwischen Musik und
Werken, zwischen Basteln
und künstlerischem Gestalten
liegt. Ich möchte vor allem
dazu anregen, sich nicht nur

Monochord, Koto, Dosenharfe(baß)

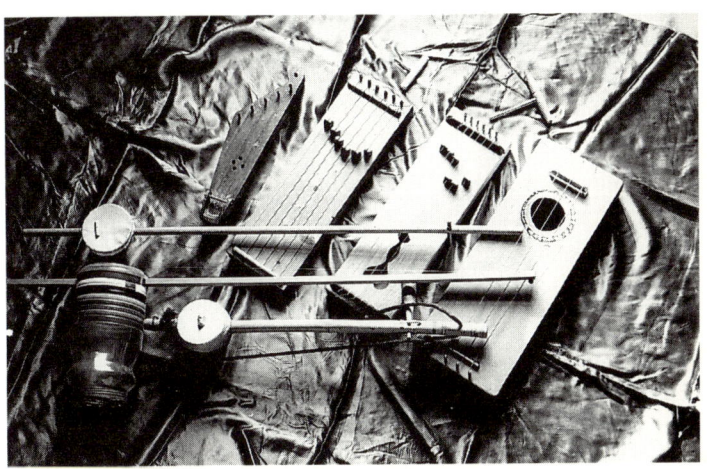

Einsaitige Gitarre, verschiedene Zupfkästen

mit den gängigen Modellen für die einfachsten Instrumente, wie
z. B. Rasseln aus Glühbirnen, aus Joghurtbechern, Schachteln
und Dosen aller Formen und Größen, zufriedenzugeben, sondern auch ungewöhnlichere Instrumente zu bauen, um aus dem

neuen Klangmaterial heraus auch wieder besondere musikalische Spielsituationen schaffen zu können.

Andererseits soll hier angeregt werden, im Kreis von Erwachsenen (mit den Kolleginnen und den Eltern zusammen) für die Kinder Instrumente zu bauen, die komplizierter sind und daher das handwerkliche und künstlerisch-gestaltende „Knowhow" erwachsener Menschen brauchen.

In den Spielsituationen finden Sie konkrete Beschreibungen für die eine und die andere Bausituation. Jeder Kindergarten kann auf diese Weise sein individuell gestaltetes Selbstbauinstrumentarium vorweisen, das ständig erweitert und verbessert werden kann.

3.6. Elementarisierte Instrumente

Hier soll eine bestimmte Möglichkeit beschrieben werden, die leider noch viel zuwenig bekannt ist und kaum genützt wird. Sogenannte klassische Instrumente, für die man normalerweise einige Jahre eifrig üben muß, damit man Töne erzeugen kann, die beim Zuhörer Eindruck machen, finden selten Eingang in den Kindergarten. Wenn, dann sind sie nur zum Betrachten da – vielleicht darf ein Kind unter Aufsicht ein so kostbares Instrument einmal kurz berühren, einmal an einer Saite einer Gitarre zupfen. Natürlich können wir Kindern keine teuren Geigen zum freien experimentellen Spiel überlassen – daran ist auch nicht gedacht! Je nachdem, was an klassischen Instrumenten überhaupt über die Schwelle des Kindergartens findet, gibt es aber Möglichkeiten, wie man komplizierte Spielweisen „elementarisiert" und dadurch für die Experimentierfreude der Kinder eine breitere Basis schafft.

Gitarren und Blockflöten sind oft im Besitz von Erzieherinnen, ein Klavier findet man im Kindergarten schon seltener. Musikhochschulen, Musikschulen oder Konservatorien rangieren manchmal alte Instrumente aus, die aber noch durchaus bespielbar sind. Wenden Sie sich an solche Institutionen vor Ort, und fragen Sie nach einem Klavier, einem Cello oder gar einem Kontrabaß! Wenn Sie Glück haben, können Sie stolz auf einen Besitz sein, der dem musikalischen Gestalten in Ihrem Kindergarten fortan eine ganz besondere Note verleiht.

3.6.1 Das umgestimmte Saiteninstrument

In vielen Fällen steht dem Kindergarten eine Gitarre zur Verfügung. Im besten Fall wird sie von den Erzieherinnen auch regelmäßig verwendet. Lieder werden begleitet, eine kleine Tanzmusik wird improvisiert, eine Klanggeschichte musikalisch bereichert. Aber dürfen die Kinder auch mal spielen? Eher nicht – denn was sollen sie schon spielen? Die übliche Stimmung der Gitarrensaiten klingt auch für Kinder nicht besonders, wenn man nur die leeren Saiten rauf und runter zupft. Will man die Gitarre „elementarisieren", stimmt man sie auf einen sogenannten „offenen" Akkord um. Dabei ist einzig und allein zur Schonung der Gitarre zu beachten, daß man beim Umstimmen die einzelnen Saiten immer nur *tiefer* stimmt, niemals höher, weil sonst die Spannung auf den Gitarrenhals zu hoch wird bzw. die Saite reißt.

Am empfehlenswertesten ist folgende Umstimmung: D-A-d-fis-a-d' oder D-G-d-g-h-d' und als moll-Varianten: D-A-d-f-a-d und D-G-d-g-b-d'.

Ähnliche Möglichkeiten hat man natürlich auch bei jedem anderen Saiteninstrument, wie etwa einem Cello oder einem Kontrabaß, kann man ein so wunderbar großes und herrlich tiefes Instrument sein Eigen nennen . . . Mit diesen offengestimmten Instrumenten können Kinder nun sogar selbst Lieder begleiten, vor allem solche, die auf der Basis eines Akkordes gesungen werden (Bordun). Braucht man für die Begleitung eines Liedes zwei Akkorde (Tonika und Dominante), dann können einige Kinder sicher lernen, mit der Handkante einen „Barrée-Griff" zu spielen, der im siebten Bund der Gitarre (in D-Dur) die Dominante erklingen läßt.

Unabhängig von Liedbegleitungen können die Kinder nun aber auch mit den Tönen eines offenen Akkordes frei improvisieren, einzelne Saiten nacheinander zupfen oder streichen oder ausprobieren, wie zwei gleichzeitig gezupfte Saiten klingen.

3.6.2 Das Spiel auf Kopf- und Mundstücken

Den oberen, kürzeren Teil der Blockflöte nennt man Kopfstück, bei Blechblasinstrumenten wie Trompete, Posaune oder Tuba nennt man den kleinen Teil, in den man hineinbläst und den man vom Instrument abnehmen kann, Mundstück. Beide Teile kann man unabhängig vom Rest des jeweiligen Instrumentes mit Kindern gut zur Erzeugung von Geräuschen, Klängen und Tönen verwenden. Das ist auch eine Form von „Elementarisierung" klassischer Instrumente (und dazu gehört auch die Blockflöte, wenn sie auch kein Orchesterinstrument ist). Nur der Kopf der Blockflöte ist ein „Kinderinstrument", die Blockflöte als Ganzes nicht! Dieser Ruf eilt ihr zwar voraus – aber man tut damit weder den Kindern noch der Blockflöte einen Gefallen. Nur weil sie relativ billig und handlich klein und leicht ist, ist sie doch keinesfalls leicht zu spielen. Das Spiel auf ihrem Kopfstück aber kann uns viel Spaß bereiten: Da lassen sich verschiedene Vogelrufe nachahmen, einen Triller kann man spielen (lassen Sie die Zunge dazu „flattern"), und auch eine kleine Sirene, ein Kuckuck und sogar ganze Lieder haben sich im Flötenkopf versteckt – wenn man geduldig sucht, kann man sie finden. Dazu deckt man mit der flachen Hand die untere Öffnung des Flötenkopfes weniger oder mehr ab und öffnet sie wieder – dadurch lassen sich verschiedene Töne spielen. Auch die Kinder können das ausprobieren. Ihnen wird aber leichter fallen, den Zeigefinger in die Öffnung zu stecken und ihn hin- und herzuschieben – auch dabei verändert sich die Höhe des Tones. Es ist dasselbe Prinzip, das wir bei der Lotosflöte bereits kennengelernt haben.

Bei den Mundstücken von Blechblasinstrumenten kann man ein ganz anderes Phänomen kennenlernen. Zunächst einmal ist die Anblastechnik ganz anders – aber wie beim Anblasen von Flaschen, zeigen die Kinder auch hier erstaunlich viel Geschick und „entdecken" die notwendige Lippenspannung für die Erzeugung eines Tones mit einem Trompetenmundstück sehr

schnell. Entwickle ich nun mehr oder weniger Spannung, entstehen höhere oder tiefere Töne, die sogenannten Obertöne
über unseren bekannten Grundtönen. Probieren Sie selbst – es
entstehen reizvolle Tonfolgen!

3.6.3 Die Saiten des Klaviers

Ein Klavier kann man nicht nur über die Tasten zum Klingen
bringen; drückt man eine Taste nieder, wird ein Hämmerchen
bewegt, und dieses schlägt gegen eine Saite – die tiefsten Töne
haben Saiten so dick wie Springseile! Öffnet man ein Klavier (je
nach Bauart vorne oder hinten die Holzverschalung vom Rahmen lösen), liegt ein riesiges Saiteninstrument vor einem.
Nimmt man jetzt verschiedene Schlägel zur Hand, kann man die
Saiten anschlagen oder auch mit den Fingern anzupfen. Betätigt
dann noch jemand das Pedal, das die Dämpfer von den Saiten
hebt, entstehen traumhafte, langnachhallende Klänge.

Ein Klavier, einmal so zum Klingen gebracht, erweitert den
Spielraum, und der Klang der Saiten paßt oft viel besser (weil leiser) zu anderen Instrumenten als das Spiel auf den Tasten. Trotzdem sollte ein Klavier (wenn schon im Kindergarten vorhanden!) den Kindern auch „ganz normal" als Instrument zur Verfügung stehen. Vielleicht ist es möglich, immer mal wieder einzelnen Kindern die Möglichkeit zu bieten, zehn Minuten ganz
für sich alleine auf (mit) dem Klavier zu spielen? Betrachten Sie
diese Versuche der Kinder bitte nicht als sinnlose Klimperei, die
nur dem Instrument schadet! Kinder können normalerweise den
Wert eines Instrumentes recht gut einschätzen und gehen entsprechend sorgsam damit um.

4 Spielsituationen

Nun soll es richtig losgehen mit allem, was klingt! Blättern Sie genüßlich in den nächsten Seiten kreuz und quer herum, und lesen Sie sich mal hier, mal dort fest. Vielleicht lassen Sie aber auch Ihre Augen über die Titel der Spielsituationen dahinspazieren, oder verweilen einen Moment bei einem der Kästen und verschaffen sich so einen ersten Überblick und lernen das Wesentliche der Spielsituation kennen. Vielleicht regt Sie das gleich zum ersten Spielversuch an – oder aber Sie warten noch, nehmen sich am Abend etwas mehr Zeit und lesen in Ruhe nach, was so eins nach dem anderen in den verschiedenen Spielsituationen passiert.

Vielleicht kommen Ihnen beim Lesen viele eigene Ideen – damit haben Sie einen wesentlichen Punkt des Buches bestens erkannt: Nur, wenn das, was Sie lesen, mit Ihren eigenen Ideen und Ihrer ganz persönlichen Art der Umsetzung in der Beschäftigung mit den Kindern eine Verbindung eingeht, werden lebendige Spielsituationen entstehen, unverwechselbar und einmalig, in jedem Kindergarten immer wieder ganz neu, ganz anders und sehr persönlich!

Verstehen Sie bitte die Reihenfolge der Spielsituationen nicht generell in einem aufbauenden Sinn. Innerhalb der größeren Abschnitte können Sie zum Teil beobachten, daß sich ein Spiel auf ein vorangegangenes bezieht – dennoch können Sie keine gravierenden „Fehler" machen, wenn Sie aus „Lust und Laune" einfach ein Spiel herauspicken, das Ihnen beim Durchblättern „zwischen die Finger" gerät . . .

Sie können den Kindern für musikalische Erfahrungen Türen
öffnen, indem Sie:

- selbst voller Neugierde, Vergnügen und Geduld in die Spielsituationen einsteigen;
- regelmäßig und abwechslungsreich den Kindern alles, was
klingt, anbieten;
- sich für mehr und mehr unterschiedlichstes Instrumentarium
im Kindergarten stark machen;
- beherzigen, daß die Wiederholung von Spielen nicht nur Spaß
bereitet, sondern ganz besonders wichtig ist, um die Selbständigkeit wie auch die Sensibilität und Kreativität der Kinder im
dadurch immer vertrauter werdenden Spiel mit Instrumenten
zu entwickeln.

4.1. Ohren auf!

Die ersten Spielsituationen schildern verschiedene Möglichkeiten, Kinder zum genaueren Hinhören auf verschiedenste Klänge
drinnen im Zimmer und draußen auf „Klangspaziergängen" zu
motivieren. „Elefantenohren" sind gefragt, bei allen Spielen
rund um Zimmer-, Wald- und Wiesen-, Körper-Material- und
Instrumentalklänge! Diese besonderen *Hörspiele* lassen sich in
weiteren aktuellen Variationen jederzeit wieder einsetzen und
als Vorbereitung und Einstimmung auf komplexe Spielsituationen nutzen.

Außerdem wird auch das Gefühl, füreinander verantwortlich
zu sein, das alle Mitspieler beim Miteinander-Musizieren aufbringen müssen, thematisiert. „Ich spiele für dich" – „Ich achte
auf dein Spiel" – „Ich höre dir zu" – „Mein Klang führt dich sicher durch den Raum" – „Du kannst dich auf mich verlassen!"
– das sind die Hintergründe der folgenden Spielsituationen, die
die Kinder im Spiel erfahren, ohne daß eine langatmige und ab-
strakte Erklärung für das geforderte Verhalten notwendig wäre.

4.1.1 Ich höre was, was ich nicht sehe ...

Die Spiel-situation:	**Die Augen halten wir uns fest zu, die Ohren sperren wir weit auf – wir bekommen richtige Elefantenohren! Wir hören auf Geräusche, Klänge und Töne und können nicht sehen, wo sie herkommen.**
Das Material:	**– Alle Gegenstände, Möbel, Spielsachen und Instrumente, die gerade in unserem Zimmer zu finden sind ...**
	– Gedicht zur Einstimmung: „Das leise Gedicht" von Alfred Könner
Der Raum:	**Gruppenraum, Stuhlkreis**
Die Zeit:	**5 – 10 Minuten**

Zuerst flüstert die Erzieherin den Kindern ein Gedicht vor, und alle miteinander unterhalten sich darüber, was man wohl in unserem Zimmer alles hören kann, wenn man so mucksmäuschenstill ist...

Dann halten sich alle Kinder ganz fest die Augen zu (ob das wohl ohne Schummeln geht?) und machen sehr große Elefantenohren. Die Erzieherin schleicht los und wird drei ziemlich leise Geräusche machen – können die Kinder in die Richtung zeigen, aus der das Geräusch kommt, ohne dabei zu blinzeln?

Schließlich kehrt die Erzieherin in den Kreis zurück, und alle unterhalten sich darüber, was sie gehört haben.

Zuletzt können auch einzelne Kinder Lauschaufgaben stellen, durch das Zimmer schleichen und ganz besondere Geräusche finden.

Und später kann man mal überlegen, was man im Supermarkt, im Auto, beim Mittagessen und sonstwo so alles hört...

Das leise Gedicht[36]

Wer mäuschenstill am Bache sitzt,
kann hören, wie ein Fischlein flitzt.

Wer mäuschenstill im Grase liegt,
kann hören, wie ein Falter fliegt.

Wer mäuschenstill im Bette lauscht,
kann hören, wie der Regen rauscht.

Wer mäuschenstill im Walde steht,
kann hören, wie ein Rehlein geht.

Wer mäuschenstill ist und nicht stört,
kann hören, was man sonst nicht hört.

Alfred Könner

4.1.2 Klänge sammeln im Raum

Die Spielsituation:	„Ja, unser Zimmer, das ist ein Instrument" – so heißt ein bekanntes Lied von Gerda Bächli. Das ist unsere Spielsituation: Wir klopfen, reiben und schaben an der Tür, der Heizung, dem Fenster, dem Vorhang . . .
Das Material:	– Unser Zimmer als Instrument – Lied: „Ja, unser Zimmer . . ."
Der Raum:	Gruppenraum, Stuhlkreis
Die Zeit:	15 – 20 Minuten

Zuerst erzählen Erzieherin und Kinder einander, was man vom Platz im Stuhlkreis im Zimmer alles sehen kann und wie es denn klingt, wenn man zum Beispiel ein wenig am Vorhang wackelt oder an die Fensterscheibe klopft.

---

[36] aus: Sieben Blumensträuße, Berlin (Volk und Wissen) 1989

Dann laufen alle los und sammeln viele Klänge und Geräusche im ganzen Zimmer. Wenn man etwas ausprobiert hat, merkt man sich sein Geräusch, damit man es später den anderen vormachen kann.

Schließlich treffen sich Kinder und Erzieherin wieder im Stuhlkreis und erzählen sich, was sie für Klänge im Zimmer gesammelt haben. Am besten kann man versuchen, mit dem Mund das Geräusch nachzumachen, und zeigt dabei in die Richtung, in der man das Geräusch gefunden hat, und die anderen können raten.

Zuletzt sucht sich jeder sein Lieblingsgeräusch, und als Zwischenteil zum Lied von Gerda Bächli (oder auch nur zum Text oder zur Spielidee) spielt jedes Kind seine eigene kleine „Zimmermusik".

Und später können auch jeweils zwei Kinder ein kleines Zimmergeräuschegespräch miteinander führen, z. B. läßt das eine Kind seinen Vorhang leise rascheln, und ein anderes Kind antwortet mit seinem Stuhl, der kräftig auf dem Boden hin- und herrumpelt…

Ja, so ein Zimmer, das ist ein Instrument[37]

Text und Melodie: Gerda Bächli

Ja, so ein Zim - mer, das ist ein
In - stru - ment, das man noch im - mer zu - we - nig

---

[37] aus: Gerda Bächli, Zirkus Zottelbär, pan 107. Musikverlag Pan AG Zürich

schätzt   und kennt: Uns - re   Hei - zung
                                   un - ser   Vor - hang

1.   2.

die klingt so,   und
                             der klingt so,

das ist Mu - sik und die Mu - sik, die macht uns

1.   2.

froh!   froh!

4.1.3 Küchenmusik und Abfallorchester

Die Spiel-situation:	Es gilt, verschiedene Gegenstände und Materialien, die uns fast täglich umgeben, auf musikalische Weise neu zu entdecken. Wir entdecken dabei viele neue und interessante Klänge.
Das Material:	Je nach Themenstellung – allerlei Küchengeräte –Altpapier, Joghurtbecher, Dosen, Flaschen
Der Raum:	Gruppenraum (oder einmal in der Küche?)
Die Zeit:	Je nach Themenstellung 10 – 30 Minuten

Zuerst wird das Material, das bei unserem Abfallorchester mitspielen soll, gemeinsam mit den Kindern zusammengetragen – sei es die Kiste mit dem Altpapier, der Korb mit den Flaschen oder ein Joghurtbecherturm.

Soll die *Küchenmusik* gespielt werden, begeben sich alle in die Küche, und nach und nach werden

alle Schubladen und Schränke geöffnet, und mit
Bedacht – ohne daß etwas kaputtgeht! – werden
die Gegenstände herausgesucht und in einem Karton gesammelt, mit denen man hofft, gute neue
Klänge herstellen zu können.

Dann werden wir unseren „Abfall" genauer untersuchen. Jedes Kind wählt sich zunächst einmal aus
der Kiste mit Altpapier ein Stück Papier – das ist
nun ein ganz besonderes Stück Papier geworden,
jetzt ist es nämlich ein Instrument unsres Orche-
sters und muß entsprechend sorgsam behandelt
werden! Reihum macht jedes Kind ein Geräusch
mit seinem Papier – zwischendurch spielt auch
mal das ganze Orchester, und alle Papiere rascheln
im Chor. Am besten geeignet ist *Zeitungspapier*.
Es hat eine gute Größe und ist nicht zu dick, so
daß es besonders schön raschelt. Da es normalerweise an Zeitungspapier nicht mangelt, kann man
auch Geräuschspiele ausprobieren, die viel Papier
verbrauchen, wie allerlei „Reißer" und „Knüller",
wie *Wilhelm Keller* das in seinen „Schallspielen"
nennt.

Joghurtbecher bieten andere Klangmöglichkeiten.
Zwei Becher pro Kind sind sinnvoll, aber es sind
auch Partnerspiele denkbar, bei denen jedes Kind
nur einen Becher hat und die Paare im Duett
Klänge miteinander finden und beim Spiel auf den
Becher des anderen angewiesen sind.
Die Klänge und Geräusche der Küchengeräte
werden in „Familien" aufgeteilt; da gibt es die
„Lirumlarumlöffelstielfamilie", die etwas zum
Rühren hat, und die „Topfdeckelklapperfamilie",
die es ziemlich laut mag ... Nicht zu vergessen die
feine „Löffelimglasklimperfamilie", die etwas leiser spricht, und so manch andere, deren Name
(und Klangaktion) erst noch erfunden werden
muß.

Schließlich beginnen die diversen Ideen, die man gesammelt hat, Gestalt anzunehmen. Hilfestellung kann ein kleines Gedicht geben, das für das darauffolgende Klangspiel einen Impuls setzt, wie z. B. für ein Klangspiel mit Zeitungen:

> Rischel, raschel, ruschel,
> was für ein Getuschel!
> Buschel, bischel baschel,
> was für ein Geraschel ...

Oder ein anderer Text begleitet das Spiel der Joghurtbecher:

> Wenn Joghurtbecher klappern,
> dann klingt's, als ob sie plappern:
> (Zwei Kinder beklappern einander die Becher.)
> Wer kennt ein andres Klapperspiel?
> Klapperdiklapp, wer klappert viel?
> (Andere Kinder beklappern einander die Becher.)
> Zwei Becher sind ganz heiser,
> sie klappern lieber leiser ...
> (Zwei Kinder „flüstern" mit ihren Bechern.)

Auch die diversen „Küchenfamilien" verabreden nun eine bestimmte Reihenfolge, vielleicht verbunden mit einem Umzug durch den Kindergarten, zu einer Muttertagsfeier besonderer Art (für die eingeladenen Mütter wurde etwas gebacken, und die Kinder versprechen, zu Hause in der Küche mehr zu helfen ...).

Zuletzt werden gemeinsam alle verwendeten Materialien und Gerätschaften sorgfältig weg- und aufgeräumt. Anläßlich der Spiele rund um das Abfallorchester kann die Mülltrennung mal wieder besprochen werden, und die Küchenmusik läßt uns (auch zu anderen Zeiten als nur zum Muttertag) einmal wieder darüber nachdenken, wieviel Arbeit sich eine Mutter (vielleicht auch mehr und mehr der Vater!?) macht, wenn sie/er jeden Tag

gutes Essen zubereitet und in der Küche alles in
Ordnung hält.

Und später können weitere Spielsituationen zu anderen Materialien erfunden werden. Verschiedengroße Flaschen bilden ein schaurigschönes Blasorchester;
aus Blechdosen (Achtung: scharfe Ränder vor Gebrauch abschmirgeln!) und größeren und kleine-
ren Kartons lassen sich ganze Schlagzeuge zusammenstellen. Und dann? Lassen Sie Ihre Phantasie
walten!

4.1.4 Ein Klangspaziergang

Die Spiel-situation:	**Unser nächster Spaziergang wird ein Klang-spaziergang! Egal, wohin er uns führen wird, wir wollen eine reiche Sammlung von Klängen erlau-schen, uns merken und später – zurück im Kin-dergarten – damit spielen . . .**
Das Material:	**verschiedene Gegenstände, die wir auf unserem Spaziergang finden, die interessante Geräusche machen und die nicht zu unhandlich sind, um sie in den Kindergarten zu transportieren . . .**
Der Raum:	**Wald, Wiese, Dorf, Stadt, Spielplatz . . .**
Die Zeit:	**je nach Länge des Spazierganges und Verarbei-tung der „Klängesammlung" im Kindergarten; ca. 20 – 45 Minuten**

Zuerst bereiten sich die Kinder mit ihrer Erzieherin im
Gepräch auf den Klangspaziergang vor. Die Erzieherin weist darauf hin, daß es viele Geräusche,
Klänge und Töne gibt, die man nur hörend sammeln kann, daß es aber auch welche gibt, deren
Entstehung man ebenso mit den Augen gut beobachten kann, und in manchen Fällen können
wir Gegenstände finden, mit denen sich wunder-
bare Geräusche machen lassen – die nehmen wir

nach Möglichkeit mit zurück in den Kindergarten.

Dann geht es los! Wir machen uns auf den Weg und sperren Ohren und Augen gut auf. Es ist ein erster „Gesprächsstop" ausgemacht worden – bis dahin spazieren wir nach Möglichkeit, ohne zu sprechen. (In wichtigen Fällen dürfen wir uns etwas zuflüstern . . .) Dort angekommen, berichten wir von unseren ersten Beobachtungen. Hat ein Kind etwas entdeckt, das es gerne mitnehmen würde, merkt es sich gut den Platz, denn auf unserem Rückweg sammeln wir alle interessant klingenden Gegenstände in unsere mitgebrachten Taschen.

Schließlich kehren wir nach einigen weiteren „Gesprächsstops" vollbepackt in den Kindergarten zurück.

Zuletzt treffen wir uns im Stuhlkreis, führen unsere mitgebrachten Gegenstände kurz vor und bewahren sie in einer vorbereiteten Ecke für spätere Spiele auf. Die Erzieherin notiert ebenfalls einige Klänge, Geräusche und Töne, die die Kinder sich gemerkt haben, um sie bei weiteren Spielen zur Verfügung zu haben.

Und später kann es verschiedene Spielsituationen geben, die sich mit dem gesammelten Material dieses Klangspazierganges beschäftigen. Einige Tage lang kann für jeden Tag eine Spielsituation geschaffen werden, die einen anderen Schwerpunkt hat. Einmal erinnern wir uns nur an alle Geräusche, die wir gehört, aber deren Entstehung wir nicht gesehen haben, und versuchen, sie mit der Stimme nachzuahmen; ein andermal machen wir eine „Steine-Holz-Schlag-und-Reibemusik" mit den mitgebrachten Gegenständen. Kindern und Erzieherin werden noch viele ganz persönliche Variationen einfallen!

4.1.5 Die Klangallee und andere Klangwege

Die Spiel-situation:	**Wenn es dunkel ist oder dichter Nebel uns die Sicht verstellt, müssen wir die Ohren ganz besonders weit aufsperren! Jedes noch so kleine Geräusch kann uns helfen, uns zurechtzufinden ...**
Das Material:	**– klingende Naturmaterialien**
	– unsere Stimme
	– weitere Instrumente nach Belieben
	– Lied: „Nachts in der Kastanienallee"
Der Raum:	**Gruppenraum, langer Flur**
	„Alleeaufstellung": zwei Reihen gegenüber
Die Zeit:	**10 – 20 Minuten (je nachdem, ob mit oder ohne Lied)**

Zuerst erzählt die Erzieherin von Schiffen, die sich im dichten Nebel mit ihren Nebelhörnern warnen, oder von den Fledermäusen, die selbst bei tiefster Dunkelheit überall herumfliegen können, ohne irgendwo anzustoßen, geleitet durch ihr ganz besonders feines Gehör. Auch blinde Menschen können besser hören als Sehende und sich damit in bestimmten Situationen schneller zurechtfinden.

Dann werden zwei Spaziergängern die Augen verbunden, denn sie sollen nicht wissen, wieviele Kurven die Allee hat und wie ihr Weg durch den Raum führt ... Die übrigen Kinder stellen sich zu einer „Klangallee" auf – was eine Allee ist, muß ggf. vorher geklärt werden.

Schließlich beginnt der Spaziergang durch die „Klangallee". Ganz leise und ziemlich selten hören nun die Spaziergänger auf ihrem Weg immer wieder verschie-

dene Geräusche, die mal nur mit der Stimme, mal
mit Naturmaterialien oder auch mit verschiedenen Instrumenten erzeugt werden können. Die
Geräusche weisen ihnen den richtigen Weg, damit
sie, ohne irgendwo anzustoßen, sicher ans Ende
der „Allee" gelangen.

Zuletzt kann das Lied von der „Kastanienallee" gelernt
und in das Spiel mit einbezogen werden.

Und später können noch weitere Klangwege erfunden werden, wie z. B. *die Schiffe im Nebel* (besonders
reizvoll, wenn es viele Orgelpfeifen gibt, die die
Nebelhörner spielen können, aber natürlich können wir auch mit der Stimme „tuten") – wobei
sich dann alle Kinder mit verbundenen Augen
und ihrem Instrument vorsichtig durch den Raum
bewegen und nicht mit anderen Schiffen zusam-
menstoßen sollen. Oder mit ähnlicher Spielregel
können auch alle *Fledermäuse* sein oder *Maul-
würfe*, die bekanntlich auch nicht besonders gut
sehen . . . Diese Tiere würden sich dann durch leise
Piepsgeräusche verständigen und sich natürlich
auch sehr vorsichtig umeinander herum bewegen.

Nachts in der Kastanienallee ist's finster[38]

Text und Melodie: Hilde Tenta

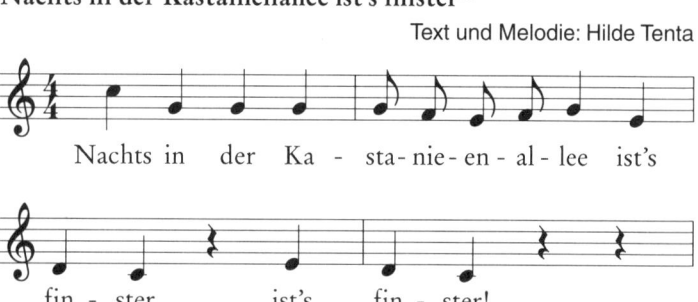

Nachts in   der   Ka - sta - nie - en - al - lee   ist's

fin - ster,   ist's   fin - ster!

---

[38] in: „Mosaik" Nr. 180, Boppard/Rhein und Salzburg (Fidula)

Horch doch mal, da ra - schelt was:
flat - tert was:
pfeift doch was:
klopft doch was:
... ...

4.1.6 Der klingende Zaun

Die Spiel- ***situation:***	**Alle Kinder bilden einen schützenden Zaun um einen Garten, in dem sich ein Kind mit verbunde- nen Augen bewegt. Immer wenn es dem Zaun zu nahe kommt, wird es von einem Klang rechtzeitig gewarnt. So kann es sich zunehmend freier und immer mutiger bewegen, obwohl es nichts sehen kann.**
Das Material:	**– kleines Schlagwerk** **– klingende Materialien**
Der Raum:	**Bewegungsraum** **Kreisaufstellung (im Stehen)**
Die Zeit:	**10 – 15 Minuten**

Zuerst wählen sich alle Kinder ein Instrument oder klin- gendes Material und stellen sich in einem großen Kreis auf.

Dann werden einem Kind die Augen verbunden, und es wird in der Mitte des Kreises von der Erzieherin ein paarmal herumgedreht, damit es nicht mehr so genau weiß, wo es steht . . .

Schließlich bewegt es sich zunächst langsam vorwärts, und das Kind, auf das es sich am eindeutigsten zube- wegt, spielt rechtzeitig kurz auf seinem Instru- ment und sagt damit: „Vorsicht – gleich stößt du

am Zaun an!" Das Kind im Garten kann dann
seine Richtung ändern und solange weitergehen,
bis ein neuer Klang es wieder warnt.

Zuletzt wird das Kind im Garten immer mutiger werden
und sich immer rascher bewegen. Nun müssen
alle „Zaunkinder" ganz besonders gut aufpassen,
damit dem Kind im Garten nichts passiert!

Und später kann das Spiel dadurch variiert und erschwert
werden, daß die Form des Kreises sich verändert.
Die Kinder im Zaunkreis können den Kreis langsam immer größer machen oder aber auch immer
kleiner und enger. Das Kind im Garten wird
plötzlich merken, daß seine Wege immer länger
oder aber immer kürzer werden. Diese Variation
sollte man nur mit den älteren Kindern spielen,
die bereits genügend Konzentration und Verant-
wortungsbewußtsein aufbringen können und
wollen.

4.2. Musik mit unserem Körper

Der Spaß am Spiel mit Körperklängen muß von innen kommen!
Das heißt nicht mehr und nicht weniger, als daß ich Spaß an meinem eigenen Körper verspüren muß, um mit ihm spielen zu
können. Musik mit dem eigenen Körper zu machen, bedeutet einerseits, innerlich bewegt zu sein, und andererseits, Bewegtsein
nach außen zu bringen – zu tanzen!

Daher brauchen wir für die *Spielsituationen* rund um Kör-
perklänge meist den Bewegungsraum, damit genügend Platz für
Lockerungsspiel, Partnerarbeit und den persönlichen „Klang-
tanz" zur Verfügung steht.

Durch die Bewegungsabläufe, die zum Klatschen, Patschen,
Stampfen und Schnalzen/Schnipsen notwendig sind, d. h. durch

die meist regelmäßige Abwechslung beider Füße (Beine) und
Hände (Arme), entstehen beim Spiel mit Körperklängen oft
ganz von selbst rhythmische Klangfolgen – was allerdings nicht
automatisch zur Folge hat, daß nun alle Kinder einer Gruppe einem gemeinsamen Tempo folgen können: „Jedem das seine und
mir das meine", heißt es meist – was von Erwachsenenseite
zunächst zu akzeptieren ist! Bis zur Entwicklung eines gemeinsamen rhythmisch-metrischen Verhaltens in einer Gruppe ist es
ein weiter Weg. Ein Weg, der Vergnügen bereiten soll und rundum ein „rhythmischer", ein „musikalischer" sein muß – sonst
riskiere ich, vom Weg ganz abzukommen. Fangen Sie bitte nicht
an zu zählen, wenn sie Musik mit kleinen Kindern machen – das
gehört in die Rechenstunde!

4.2.1 Das Kla-Pa-Sta-Schna-Spiel

Die Spiel-situation:	Die „klassischen" Klanggesten, das KLAtschen, PAtschen, STAmpfen und SCHNAlzen (bei kleinen Kindern mit der Zunge) sollen den Kindern nach und nach in kleinen Übungseinheiten spielend nahegebracht und vertraut werden. Lockerungs- und Bewegungsübungen werden beschrieben und erste Koordinationsspiele, die alleine, zu zweit und in der Gruppe vor allem Spaß machen sollen.
Das Material:	Arme und Beine Hände und Füße
Der Raum:	Bewegungsraum
Die Zeit:	10 Minuten (in immer neuen Varianten wiederholen!)

Zuerst laufen alle durch den Raum, bleiben stehen, wenn
die Erzieherin stehen bleibt, und machen mit, was
sie macht:
– so schnell wie möglich mit den Füßen stampfen;
– leicht nach vorne beugen und die Arme locker
ausschütteln;

– „Trockenschwimmen" – das heißt, mit den Armen große Schwimmbewegungen machen;
– mit den Armen „Flugübungen" machen;
– „Sprungfeder" kurz vorm Absprung spielen, das heißt, die Füße bleiben am Boden, aber die Knie beugen und strecken sich ein paarmal;
– „Sprungfederabsprung" spielen – springen und springen und ganz weich landen (und immer dabei in den Knien abfedern!)

Dann lassen sich noch viele weitere Lockerungsübungen und -spiele für Arme, Hände, Beine und Füße finden.

Schließlich macht die Erzieherin kleine Kombinationen von je zwei Klanggesten vor, und die Kinder versuchen mitzumachen – der Schwerpunkt liegt auf der Koordination des Bewegungsablaufs, nicht so sehr auf gemeinsamer rhythmischer Genauigkeit. Deshalb sollen die Kombinationen auch einfach nur in einem schlichten Gleichmaß Klatscher, Stampfer, Patscher und Schnalzer abwechseln, z. B.:
– kla-kla-kla-sta-sta-sta . . .
– sta-sta-pa-pa-sta-sta-pa-pa . . .
  (patschen zunächst immer beidhändig!)
– pa-schna-schna-pa-schna-schna . . .
  (mit der Zunge schnalzen!)
– kla-pa-kla-pa-kla-pa . . .
Viele weitere einfache Kombinationen erfinden!

Zuletzt werden erste kleine „rhythmische Bausteine" von der Erzieherin vorgespielt; die ganze Gruppe wie auch einzelne Kinder versuchen, sie nachzuspielen, z. B.:

Und später werden weitere rhythmische Bausteine eingeführt, aber auch allerlei Klatschspiele, überlieferte
wie selbsterfundene, ins Spiel zu zweit einbezogen – alle kennen doch z. B. das Klatschspiel
„Scherenschleifen, Scherenschleifen ist die rechte
Kunst" und manch anderes.

4.2.2 Das Körperschlagzeug

Die Spiel-	„Ja, so ein Körper, das ist ein Instrument . . ." –
situation:	Erinnern Sie sich? Das haben wir auch schon
	über unser Zimmer gesungen – und heute ist un-
	ser ganzer Körper dran!
Das Material:	– Hände, Finger, Arme, Schultern, Füße, Beine,
	Bauch, Po, Rücken, Kopf , Brust. . .
	– Schwungvolle Musik zum Tanzen
	– Lied: „Ja, so ein Körper . . ."
Der Raum:	Bewegungsraum
Die Zeit:	10 – 15 Minuten

Zuerst wollen wir heute unseren ganzen Körper so richtig wachklopfen. Wir fangen am Kopf an und beklopfen ihn vorsichtig rundherum, dann noch
vorsichtiger das Gesicht, den Hals, die Schultern,
Brust und Bauch – bis hinunter zu den Füßen.
Und die Rückseiten der Beine und Arme dürfen
wir auch nicht vergessen!

Dann lassen wir uns beim Rückenwachklopfen helfen!
Wir stellen uns alle in einem kleinen Kreis hintereinander auf, so daß wir den Rücken unseres
Nachbarn sehen und gut mit den Händen erreichen können. Dann beginnen alle gleichzeitig und
besonders vorsichtig, den ganzen Rücken des
Nachbarn wachzuklopfen.

Schließlich legt die Erzieherin eine schwungvolle Musik zum
Tanzen auf – hält aber einen Finger auf der Pau-

sentaste bereit, um die Musik ganz plötzlich stoppen zu können. Dann bleiben auch die Kinder so schnell wie möglich stehen, und das „Körperschlagzeug" beginnt bei allen zu klingen.

Zuletzt erinnern wir uns noch an das Lied vom Zimmer als Instrument. Heute singen wir es mit einem neuen Text – denn heute ist unser Körper unser Instrument:

„Ja, unser Körper, das ist ein Instrument, den man noch immer zuwenig schätzt und kennt: Unsere Füße klingen so ... Unser Bauch, ja, der klingt so ... Unsere Beine klingen so ...."

Alleine, paarweise oder in kleinen Gruppen gestalten wir Zwischenteile und singen dann immer wieder gemeinsam das Lied.

Und später können wir uns auch mal Bilder anschauen von Leuten, die aus anderen Ländern kommen und bei ihren Tänzen und Spielen auf ganz unterschiedliche Weise ihren Körper als Instrument verwenden. Aus Österreich und Bayern kennt man den „Schuhplattler", ähnlich klopfen sich auch Tänzer aus Ungarn auf die Beine und die Stiefel. Wer kommt aus einem anderen Land und kennt andere Beispiele?

4.2.3 Wie geht es dir? – Allerlei Begrüßungen

Die Spiel-	**Was an unserem eigenen Körper so alles klingt,**
situation:	**wissen wir jetzt. Nun wollen wir uns begegnen**
	und auf Händen, Rücken, Kopf und Schulter un-
	seren Spielfreund klopfend begrüßen!
Das Material:	**– Unser Körper**
	– Tanz: „Siebensprung"
Der Raum:	**Bewegungsraum**
Die Zeit:	**10 Minuten**

Zuerst leitet die Erzieherin ein kurzes „Stop-and-go"-
Spiel an: Die Kinder bewegen sich frei im Raum
(dazu kann getrommelt oder eine Bewegungsmu-
sik eingespielt werden), dann stoppt die Erzieherin die Begleitung, die Kinder treffen sich zu
zweit, und die Erzieherin ruft z. B.:
– „Die Hände klatschen zusammen!"
– „Hände klopfen auf dem Rücken!"
– „Die Hände patschen auf den Partnerknien!"
– „Leise patschen die Fingerspitzen auf den Wangen des Partnerkindes!"

Dann finden Kinder und Erzieherin noch viele andere
Möglichkeiten heraus, wie man auf den Körper-
teilen seines Partnerkindes noch mehr Klänge machen kann – es kann auch etwas ganz Leises, Ge-
streicheltes und Gekrabbeltes sein.

Schließlich können die Kinder auch kleine Gespräche mit den
Körperklängen führen. Die Erzieherin erklärt,
daß jetzt nicht unser Mund mit Wörtern fragt,
sondern eine Hand fragt klopfend den Rücken:
„Wie geht es dir?", und die Finger täscheln leise
den Wangen zu: „Danke, danke, mir geht es gut!"
Wir lassen unsere Körpersprache sprechen!

Zuletzt legen wir uns noch eine Musik auf, zu der man
sich auf ganz verschiedene Weise klingend begrüßen kann („Siebensprung" aus Dänemark).
Zum ersten Teil der Musik laufen wir alleine um-
her – 4 Takte lang im 4/4-Takt (16 Schritte) –, bleiben stehen, klatschen dreimal in die Hände und
drehen uns mit vier Schritten einmal rechts
herum, klatschen wieder dreimal in die Hände
und drehen uns links herum (insgesamt auch 4
Takte lang).
Dann hören wir im zweiten Teil der Musik zuerst
zwei, später drei und dann immer mehr und mehr

lange Töne. Bei jedem langen Ton begrüßen wir einen Tanzfreund, klatschen mit ihm, stampfen mit ihm, patschen auf seine Knie, klopfen mit den Ellbogen aneinander usw. . . .

Und später können wir ähnliche „Wie geht es dir?" und andere Gespräche auch mit Instrumenten spielen.

4.2.4 Lalula und Tralala – Carabutti Hoppsassa

Die Spiel- ***situation:***	**Unsere Stimme ist die „Königin" unserer Körper-instrumente. Wir können so gut wie jedes Geräusch, jeden Klang und jeden Ton nachahmen. Hier gehen wir von einem Text aus, der nichts bedeutet, aber uns viel zu sagen hat . . .**
Das Material:	**– Unsere Stimme**
	– Text: „Ene mene mente"
Der Raum:	**Gruppenraum/Bewegungsraum**
Die Zeit:	**20 Minuten**

Zuerst können Kinder und Erzieherin sich bereits im Morgenkreis einmal über lustige Wörter unterhalten. Die Erzieherin kann beginnen und erzählen, daß einmal der Dichter *Christian Morgenstern* ein Gedicht geschrieben hat, das er „Das große Lalula" genannt hat – und dafür hat er eine eigene Sprache erfunden, die niemand außer ihm versteht – oder doch? Hier ist die erste Strophe:

> „Kroklokwafzi? Sememi!
> Seiokrontro – prafriplo:
> Bifzi, bafzi; hulalemi:
> quasti basti bo . . .
> Lalu, lalu lalu lalu la!"

Dann wollen wir doch mal sehen, ob wir nicht auch eine neue Sprache erfinden können; wir sammeln ganz viele lustige neue Wörter, die die Erzieherin rasch

aufschreibt, damit wir sie nicht vergessen. Ein
Wort schenke ich Euch schon mal – das können
wir später noch gut gebrauchen:
„Carabutti, Carabutti!"

Schließlich basteln Kinder und Erzieherin aus all den neuen
Wörtern ein Gedicht – das muß sich nicht unbe-
dingt reimen! Aber es darf auch nicht zu lang werden, damit wir es rasch lernen und aufsagen können. Denn ein Gedicht ist dazu da, aufgesagt zu
werden, und dabei darf es immer wieder ganz anders klingen. Mal spricht es jemand leise und ge-
heimnisvoll – vielleicht ist es ein Zauberspruch?
Mal klingt es laut und so, als ob ein König etwas
verkündete. Vielleicht ist es auch ein lustiger Witz,
den der Clown im Zirkus erzählt, oder aber ein
strenger Lehrer schimpft gerade mit seinen
Schülern . . .

Zuletzt stellt die Erzieherin den Kindern einen neuen
Spruch vor, der jetzt in ähnlicher Weise „zum Leben erweckt" werden kann wie der eigene. Und
sind da nicht einige Wörter versteckt, die wir
schon kennen?
„Ene mene mente
locum tocum tente
carabutti carabutti
locum tocum witsch watsch ab drum."
(Überliefertes Kauderwelsch)

Und später kann das Spiel rund um solchen „Nonsens"
(=Unsinn) in verschiedene Richtungen ausgebaut
werden. Besonders der Spruch „Ene mene mente"
eignet sich auch dazu, ihn rhythmisch mit Klanggesten und später mit Instrumenten zu gestalten.
Aber auch zum darstellenden Spiel mit verschiedenen Themenstellungen, die sich leicht aus den
vorher gemachten Ausdrucksübungen ableiten

lassen („Wir kochen einen Zaubertrank"; „Der König hält eine Ansprache", „Eine lustige Clownsnummer" usw.), kann man sich anregen lassen.

Man kann auch eine Melodie dazu erfinden und einen Tanz dazu tanzen . . .

4.2.5 Tanzender Klang – klingender Tanz

Die Spiel- ***situation:***	**Bei den Vorübungen zu den Klanggesten haben wir mit den „Flugübungen" für die Lockerung der Arme schon fast getanzt. Nun wollen wir Körperklänge und Bewegungen aber noch bewußter tänzerisch miteinander verbinden – es können Klatsch- und Stampftänze entstehen, und wir können uns mit unserer Stimme selbst eine Tanzmusik singen . . .**
Das Material:	**Alle Körperklänge**
Der Raum:	**Bewegungsraum**
Die Zeit:	**10 Minuten (immer mal wieder!)**

Zuerst sollen Arme und Beine, Hände und Füße und der Mund mit den Lippen und der Zunge aufgeweckt werden: Sie bekommen ganz viel zu tun! Die Beine und Füße trippeln so schnell sie können, schleichen und schlurfen langsam und stampfen laut und kräftig; die Hände machen ein Trommelkonzert auf den Knien, und unser Mund kann plappern:

> „Plappermäulchen plapperte munter,
> plapperte rauf und plapperte runter,
> plapperte hin und plapperte her –
> plapperdiplapp – das ist nicht schwer!"

Dann reiben sich die Hände ganz schnell und leise aneinander – dazu können die Füße trippeln, und das ganze Kind dreht sich im Kreis und singt dabei:

„Dideldum, dideldum,
kleiner Kreisel dreh dich um,
dreh dich immer rundherum,
dideldum, da fällt er um!"

Schließlich können mit den Kindern aus dem bewegten Spiel
mit Körperklängen noch viele kleine Kombinationen entstehen, die manchmal von weiteren
kleinen (selbsterfundenen) Texten wie oben begleitet und gestützt sein können.

Zuletzt ist es möglich, die älteren Kinder anzuregen, einmal zu zweit einen „Klingenden Tanz" selbst zu
erfinden. Wenn die Kinder einige Modelle kennengelernt haben, sind sie oft zu erstaunlichen
kreativen Eigenleistungen fähig – stellen wir ihnen dazu genügend Spielraum und Spielzeit zur
Verfügung!

Und später bleiben viel Übungen und Spiele Basis und Vorbereitung für das Spiel auf Instrumenten. Auch bietet das Spiel mit den Körperinstrumenten besonderes Material für die musikalische Kommunikation, da mit jedem Klang eben eine Geste verbunden ist und mit der Geste meist einem Gefühl
Ausdruck verliehen wird . . .

4.3. Instrumente spielen

Instrumente haben wir auch in den bisher beschriebenen Spielsituationen bereits eingesetzt. Nun aber soll es darum gehen,
sich in besonderem Maße von ganz bestimmten Instrumenten
für Spiele anregen zu lassen. Das Instrument selbst soll jetzt immer wieder auch Auslöser und „Grund" für ein Spiel sein. Darüber hinaus geht es um Gelegenheiten, bei denen neue Instru-

mente kennengelernt, entdeckt und selbst gebaut werden. Im Umgang mit allen Instrumenten, die im Kindergarten für das Instrumentalspiel zur Verfügung stehen, geht es in besonderem Maße darum, bei den Kindern Sensibilität zu entwickeln und zunehmend ein immer differenzierter werdendes Spielen und Gestalten zu fördern und zu fordern. Die Instrumente sollen von den Kindern vom ersten Tag an als Wertgegenstände angesehen werden. Wenn die Erzieherin in der Handhabung der Instrumente immer mit gutem Beispiel vorangeht, wenn nach jeder Spielaktion das gemeinsame gewissenhafte Aufräumen der Instrumente eine Selbstverständlichkeit ist und wenn die Spielaktionen niemals in oberflächlicher Spielerei und lärmender Toberei enden, dann bestehen gute Chancen, daß Kinder und Erzieherin lange Freude an ihren Instrumenten und Spaß und persönlichen Gewinn beim Spiel damit und miteinander haben werden.

4.3.1 Instrumente „aushorchen"

Die Spielsituation:	**Dieses Spiel gehört auch zu den „Immer-wieder-Spielen", da es das genaue Kennenlernen einiger ausgewählter Instrumente zum Hauptinhalt hat, die erschaut, ertastet, erhorcht – erspielt werden sollen.**
Das Material:	**Drei bis vier unterschiedliche Instrumente**
Der Raum:	**Gruppenraum, Stuhlkreis mit allen Kindern oder kleinerer Nebenraum (Vorraum/Flur) für die halbe Gruppe**
Die Zeit:	**10 Minuten**

Zuerst sollen die Kinder eine ausgewählte Sinneserfahrung mit den neu kennenzulernenden Instrumenten haben. Bei jeder Wiederholung der Spielsituation mit anderen Instrumenten kann dieser Einstieg immer wieder anders sein, z. B.:
– Die Instrumente sind unter einem Tuch ver-

steckt, die Kinder sollen nacheinander die
Form, das Gewicht, das Material erfühlen.

– Versteckt hinter einem Vorhang (z. B. im Kas-
pertheater) spielt die Erzieherin jedes Instrument einmal kurz an.

– Die Instrumente sind zunächst verdeckt. Kurz
wird die Decke gelüftet, und alle Kinder
schauen genau, was sie sehen können; dann
werden die Instrumente wieder zugedeckt.

Dann werden die gemachten Sinneserfahrungen besprochen, das Gefühlte wird beschrieben, zu dem
Gehörten die Form erraten, das Gesehene mit
Namen versehen oder ein bestimmter Klang asso-
ziiert . . .

Schließlich nehmen wir uns ein Instrument nach dem anderen
vor, betrachten es nun genauer, reichen es im Kreis
herum, und jedes Kind versucht eine neue Spielmöglichkeit vorzustellen – wieviele verschiedene
Klänge sind in dem Instrument versteckt?

Zuletzt werden die drei Instrumente in der Gruppe verteilt (jedes Kind soll einmal ein Instrument erhalten – deshalb ist auch zu empfehlen, dieses Spiel
nur mit der halben Gruppe zu spielen!), und sie
führen ein kleines Gespräch miteinander. Durch
die Erfahrungen, die alle gemeinsam vorher mit
den verschiedenen Spielmöglichkeiten gesammelt
haben, hat nun jedes Kind genügend Material, auf
das es zurückgreifen kann – wir kennen jetzt alle
„Wörter", die das Instrument „sprechen" kann.

Und später können einmal viele Instrumente, die wir bereits
kennengelernt haben, in die Mitte unseres Kreises
gelegt werden, und wir veranstalten ein großes
Klangratespiel. Alle halten sich fest die Augen zu,
und ein Kind wählt ein Instrument aus, um einmal

darauf kurz zu spielen, legt es vorsichtig wieder
weg und sagt: „Jetzt!" – Dann erst dürfen alle die
Augen wieder öffnen und raten, welches Instrument auf welche Weise gespielt worden ist ... Das
ist schwerer, als es klingt – besonders dann, wenn
der Spieler vielleicht eine neue Spielmöglichkeit
verwendet hat, die noch niemand kannte.

4.3.2 „Erzähl mir was!" – Trommelgespräche

Die Spiel-situation:	Mit Trommeln hat man sich schon immer viel er-zählt. Auch wir wollen unsere Trommeln „spre-chen" lassen. Es ist nicht nur spannend, mit je-mandem ein Trommelgespräch zu führen – min-destens genauso spannend ist es, anderen dabei zuzuhören ...
Das Material:	– möglichst viele verschiedene Trommeln (Mini-mum: zwei Trommeln) – eventuell Trommeltexte und -lieder
Der Raum:	Gruppenraum
Die Zeit:	15 Minuten

Tip: Zum Trommeln sitzen die Kinder am besten im Stuhlkreis,
damit sie die Trommeln zwischen ihre Beine klemmen können
(wie auf dem Foto auf S.52). Deshalb sollten Rahmentrommeln
(auch Handtrommeln genannt) nicht größer als 30 cm im
Durchmesser sein.

Zuerst „tummeln" wir uns auf unseren Trommeln – das
ist ein Begriff, den *Lilli Friedemann* geprägt hat
und der besonders treffend ein absichtsloses Spielen und Bewegen der Hände auf dem Trommelfell
beschreibt. Das genau wollen wir eine Weile lang
alle gleichzeitig und doch jeder ganz für sich tun:
uns munter auf und mit unserer Trommel „spielen" ...

(Sind nicht genug Trommeln für alle Kinder da, kann für dieses Spiel vielleicht wieder einmal die Gruppe geteilt werden – oder aber zwei oder drei Trommeln machen die Runde, jedes Kind tummelt sich eine Weile bzw. hört dann den anderen beim Tummeln zu.)

Dann hält jedes Kind eine eigene „Rede" auf seiner Trommel. Es stellt uns seine „Trommelsprache" vor. Hat das Kind sein Spiel beendet, spenden alle anderen auf ihren Trommeln einen kräftigen „Trommelwirbelapplaus"!

Schließlich werden sich zwei Kinder gegenübersetzen und miteinander ein richtiges „Trommelgespräch" führen – das heißt: Spielt der eine auf seiner Trommel, hört der andere zu; antwortet der zweite, hört der erste zu. So wechseln sie sich eine Weile ab – können sie das Trommelgespräch beenden, ohne sich mit richtigen Worten abzusprechen? Wann ist ein Gespräch zu Ende? Wer bestimmt das? Kinder und Erzieherin beraten sich.

Zuletzt wollen wir etwas sehr Schwieriges probieren: Können alle Kinder im Kreis gemeinsam ein Trommelgespräch führen, ohne sich ins Wort zu fallen? Dabei müssen wir mit großer Aufmerksamkeit in die Runde schauen und gut beobachten, wer gerade etwas „sagen" will. Es soll wirklich immer nur ein Kind auf seiner Trommel spielen – aber alle im Kreis sollen mindestens einmal etwas mitgeteilt haben!
Die Erzieherin kann an die Regeln erinnern, die die Kinder meist aus dem Morgenkreis kennen, wenn es auch darum geht, daß immer nur ein Kind erzählt und dabei nicht von den anderen unterbrochen wird.
Mit etwas Geduld kann dieses Gruppentrommel-

gespräch eine spannende Angelegenheit werden, dessen soziale Herausforderung besonders für die älteren Kinder in der Gruppe ein Motiv ist, sich dieses Spiel immer wieder zu wünschen und es zu verbessern. Keinesfalls darf es zu lange gespielt werden! Wenn die Erzieherin merkt, daß die Aufmerksamkeit erlahmt, sollte lieber abgebrochen und an einem anderen Tag weitergespielt werden.

Und später können einzelne Kinder auch einmal zwei Trommeln bekommen, sich in einer Ecke zusammensetzen, in der sie die anderen Kinder nicht zu sehr stören (auch im Flur, im Vorraum . . .), und mit leisen Trommelklängen ganz selbständig ein Gespräch führen.

Fördern Sie nach Möglichkeit immer wieder solche Aktionen, bei denen Sie aus der Ferne beobachten, was die Kinder tun, und nur dann eingreifen, wenn die Kinder den „Spielraum" verlassen und einander oder die Instrumente gefährden!

4.3.3 Instrumententreffpunkt

In den folgenden Spielsituationen geht es um ganz unterschiedliche Gruppierungen von Instrumenten – gewöhnliche und außergewöhnliche! Es geht über bestimmte musikalische Kriterien für die Spiele hinaus auch um reale Gegebenheiten in den Kindergärten, das heißt konkret: Welche Instrumente habe ich überhaupt zur Verfügung? Daher müssen natürlich die vorgeschlagenen Spielsituationen entsprechend individuell abgewandelt werden. Wenn im folgenden also „20 Rasseln quasseln", „10 Glockenspiele träumen" oder „15 Klanghölzer klipp-klappern und tick-tackern", dann müssen diese Titel je nach persönlicher Lage verändert bzw. erweitert werden.

Der Grundidee der Spielsituationen kann sicher jede Spielgruppe etwas abgewinnen.

Die Spiel- *situation:*	Generell gilt: Bestimmte Instrumente bestimmen unser Spiel, und eine Spielidee (die schon im Titel zum Ausdruck kommt) kann wie ein roten Faden aufgegriffen werden. Ein Gedicht vermag dem Ganzen Struktur zu verleihen – ein passender Text kann aber auch von der Erzieherin und den Kindern selbst erfunden werden.
Das Material:	– verschiedenste Instrumentengruppen – verschiedene Texte (auch Lieder und Geschichten aus dem eigenen Repertoire)
Der Raum:	Gruppenraum/Bewegungsraum (bei Erweiterung der Ideen mit Bewegungselementen und szenischer Darstellung)
Die Zeit:	10 – 30 Minuten (größere Gestaltungsvorhaben auf mehrere Tage – jeweils nicht mehr als 20 Minuten – aufteilen!)

Tip: Wollen Sie gerade mit den bekanntesten und einfachsten Instrumenten einmal eine Spielsituation gestalten, müssen diese Instrumente besonders liebevoll eingeführt werden. Sie können eine kleine Vorstellungsrunde machen – eine Handpuppe kann helfen, indem diese das Instrument auf der Kasperbühne zeigt und in das Spiel einführt:

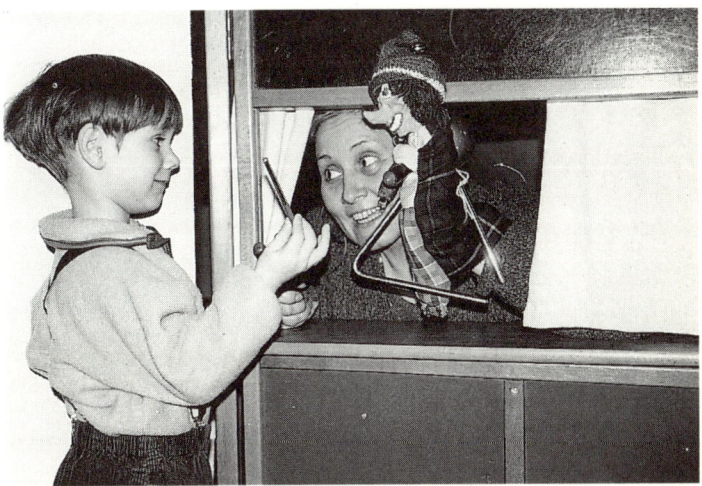

4.3.3.1 Der Triangelbaum

Instrumentengruppe:
Triangeln in allen Größen und Metallschlägel dazu

Zuerst erzählt der Kasper (oder eine andere Handpuppe): „Liebe Kinder, hier seht ihr das glitzernde, blinkende, rundum silberne zarte Fräulein Kling-Bing Triangel! Dieses Fräulein hat viele Freundinnen mitgebracht, und heute will sie ihnen die Geschichte vom Triangelbaum erzählen – sie hat mir gerade zugeflüstert, daß auch wir alle zuhören dürfen . . ."

Dann kommt die Erzieherin mit Kasper und Triangel wieder zu den Kindern in den Kreis – alle anderen Triangeln liegen besonders hübsch drappiert z. B. auf einem dunklen Samttuch oder auf einem silbernen Tablett in der Mitte des Kreises. Während die Geschichte nun erzahlt wird, werden die In-

strumente nur betrachtet bzw. gezielt von einzelnen Kindern oder der Erzieherin zur ersten Illustration einzelner Passagen gespielt.

Die Geschichte:

Es war einmal in einem ganz gewöhnlichen Wald, in dem eines Tages etwas Merkwürdiges geschah: Eines Morgens, als die Sonne gerade aufging, wachten die Bäume von einem zarten, unbekannten silbrig klingenden Geräusch auf, schüttelten ein wenig ihre Äste und Blätter, daß es nur so rauschte im Wald, und blickten erstaunt um sich: Woher kam dieser wunderschöne Klang? Fast fühlten sie sich wie im Winter, wenn manchmal der Schnee und die Eiszapfen an ihren Ästen in der Sonne glitzerten – auch dann konnte die klirrende Kälte manchmal so silbrig klingen wie eben jetzt –, aber es war ein herrlicher Sommermorgen. Alle Bäume reckten und streckten sich, so gut sie konnten, um herausfinden zu können, was da geschehen war: Und dann sahen sie mitten unter sich einen wundersamen Baum stehen, der in dieser Nacht gewachsen war, und sie konnten sich gar nicht satt sehen an dem Bäumchen, und es wurde ganz still im Wald, kein Rauschen mehr, kein Knacken und Knistern; auch alle Tiere blieben vor Verwunderung stehen und horchten mit weit offenen Ohren – selbst die geschwätzigen Vögel hielten ihre Schnäbel, und alle schauten auf den kleinen Baum, der da genau in einem Sonnenstrahl stand, dreieckige, metallene Blätter trug, die leise aneinanderschlugen und dabei glitzerten und glänzten und klingelten und klangen. Ganz leise erzählte der kleine Baum den erstaunten Bäumen und Tieren seine Geschichte:

„Ich bin der Triangelbaum – einmal in hundert Jahren darf ich für einen schönen Sommertag hier zwischen euch stehen und euch mein silbrig-hell klingendes Lied vorspielen. Ich danke euch allen, daß ihr gekommen seid, um mein kleines Konzert zu hören! Wenn die Sonne untergeht, werden meine Klänge immer leiser werden, und wenn die Dämmerung hereinbricht, werde ich allmählich wieder unsichtbar werden und erst in hundert Jahren wieder auftauchen . . .“ Und dann spielte der Triangelbaum sein Konzert für die Bäume und Tiere – die fühlten sich wie im Traum und merkten gar nicht, wie schnell der Tag vergangen war. Allmählich kam die Dämmerung, und die Musik vom Triangelbaum wurde immer leiser und leiser – bis sie ganz verschwunden war. Da ging ein starkes Rauschen und Raunen, Trippeln und Trappeln, Zwitschern und Piepsen durch den ganzen Wald – alle wollten weitererzählen, was für ein wunderbares Konzert sie gerade erlebt hatten.

Schließlich werden Erzieherin und Kinder überlegen, wie der Triangelbaum dargestellt werden und wie sein Konzert wohl klingen könnte. Je nachdem, wieviele Triangeln zur Verfügung stehen, kann das ein sehr kleiner oder ein ziemlich imposanter Baum werden, mit vielen Ästen von vielen Kinderarmen dargestellt, an denen die silbrigklingenden, drei-

eckigen Blätter hängen . . . Geht nun vielleicht ein
Kind um den Baum herum und bringt mit einem
Triangelstab den Baum zum Klingen? Oder halten
einzelne Kinder im Baum auch Schlägel in den
Händen und bespielen sich selbst? Oder klingeln
die dreieckigen Gebilde beim leichten Hin- und
Herneigen des Bäumchens von alleine gegenein-
ander?

Zuletzt   kann die ganze Geschichte gespielt werden, indem nun auch die anderen Bäume und die lau-
schenden Tiere dargestellt werden. Auch kann der
Sonnenaufgang musikalisch dargestellt werden –
einmal langsam Ton für Ton ein Metallophon oder
ein Glockenspiel hinaufspielen und mit einem
schönen, langausklingenden Beckenschlag beenden. Nun beginnt der Triangelbaum leise zu klingen, zunächst hört man noch das Rauschen und
Knacken der Bäume, das Trippeln und Trappeln
der Waldtiere, das Piepsen und Zwitschern der
Vögel – bis nach und nach alle sich beim Triangelbaum versammeln, Ruhe einkehrt und nur noch
das wundersame Konzert zu hören ist. Wenn die
Dämmerung kommen soll, wird die Tonreihe, die
die Sonne hat aufgehen lassen, wieder hinunter
gespielt, die Triangelklänge werden immer leiser
und hören schließlich auf – der Wald rauscht, die
Tiere laufen aufgeregt herum, die Vögel zwitschern eifrig, und alle erzählen sich lebhaft und
freudig durcheinander, was sie gerade erlebt haben . . .

Und später   sollen die Kinder Gelegenheit erhalten, ihre persönlichen Eindrücke der Geschichte auch male-
risch festzuhalten. Diese Bilder können eine
schöne Raumdekoration abgeben, wenn die
Gruppe Lust hat, später die Geschichte vom „Triangelbaum" den Eltern zu zeigen.

4.3.3.2 ... wenn Rasseln quasseln

Instrumentengruppe:
Kugelrasseln, Rasselrohre, Rasselbüchsen, Glühbirnenrasseln, Dosenrasseln, Schachtelrasseln, Maracas, Rumbarasseln ...

Zuerst wird den vielen Rasseln, die bei diesem Spiel dabei sein sollen, ein feierlicher Empfang bereitet. Eine bunte Parade kann Einzug halten – jedes Kind trägt und spielt eine Rassel, und wir schreiten wie eine Hofgesellschaft zu einer schönen, vornehmen Tanzmusik (z. B. eine Pavane aus der Renaissance) paarweise hintereinander mit einfachen Figuren durch den Raum:

Paarweise auf verschiedenen Wegen ...

„eins rechts, eins links"

„zwei rechts, zwei links"

und wieder paareise auf neuen Wegen!

Dann treffen sich alle Rasselspieler zum großen „Rasselquasselfest" und rasseln und quasseln ganz fürchterlich laut und viel durcheinander.

Schließlich aber kommt der „Oberrasselminister" und ruft laut und deutlich:

„Alle Rasseln quasseln leiser,
sonst werden sie noch heiser!"

Dann erklingt wieder die schöne, vornehme Hofmusik, und alle Rasselspieler und -spielerinnen spazieren genauso vornehm durch den Raum, verbeugen sich höflich vor den anderen Rasselspielern und rasseln einander freundlich zu ...

Zuletzt kann folgende Klangwortsammlung Verwendung finden bzw. mit vielen neuen Wortschöpfungen der Kinder unendlich fortgesetzt werden:

> „Es rieseln und rasseln,
> es scheppern und klappern,
> es flüstern und quasseln –
> die Rasseln!
>
> Es klackern und klickern,
> es schallern und schlittern,
> es brabbeln und plappern –
> die Rasseln!
>
> Es flappern und tippern,
> es schnattern und tickern,
> es kappeln und rippeln –
> die Rasseln,
> die Rasseln,
> *die Rasseln!*“

Und später werden wir alle Rasseln so gut kennengelernt haben, daß es eine leichte Aufgabe ist, sie nun zu Rasselfamilien zusammenzustellen: Da gibt es die ganz hell und leicht klingenden Rasseln und die „Rumpelrasseln“, die ganz tief klingen, und es gibt weich und hart klingende und dick und dünn klingende, und wir rasseln und horchen und horchen und rasseln – und wieviele Familien mag es am Ende wohl geben? (Vgl. auch die Hinweise zum Bau eines „Rasselmemory“ auf S.125)

4.3.3.3 Die Narren kommen!

Instrumentengruppe:
Schellenringe, Schellenbänder, Schellenstäbe, Schellenrasseln und alles an selbstgebastelten Schellenringen, -bändern usw.

Zuerst sammeln wir alle Instrumente zusammen, die mit Metallschellen und Scheppern aller Art bestückt sind. Gekaufte und Selbstgemachte, auch welche, die schon ein wenig kaputt sind, dürfen mitspielen – denn wir brauchen jede Schelle, die aufzutreiben ist. Wenn die Narren kommen, müssen alle Schellen im Haus klingeln!

Dann untersuchen und betrachten wir unseren Schellenschatz gewissenhaft, prüfen seine Spielfähigkeit, reparieren hier und da ein Bändchen, klemmen eine lose Schelle fest und basteln eventuell noch ein paar neue Schellenbänder zum Umbinden, damit auch wirklich jeder Narr – groß oder klein – in den närrischen Zeiten mindestens eine Schelle in Händen halten oder um den Fuß binden kann . . .

Schließlich beginnt eines Morgens, wenn alle Kinder da sind, unser „Narrenschellenschüttelspiel" – allerdings beginnt es an diesem Morgen mit einem „Narrenschellensuchspiel", weil nämlich am Tag zuvor ein besonderer Narrenschelm alle Schellen, die die

Kinder vorbereitet hatten im ganzen Kindergarten versteckt hat. Na warte, wir werden es dir
schon zeigen, du Schelm! Die Kinder sind schlau
und werden blitzschnell alle versteckten Schellen
wiedergefunden haben – und dann werden sie geschüttelt, daß es nur so eine Freude ist, und ein
Obernarr schwingt das Narrenzepter und führt
die ganzen Narren schellenschüttelnd durch den
Kindergarten und auf die Straße und durch den
Ort und weiter fort . . .

Zuletzt kennt sicher jede Erzieherin einen Text oder ein
Lied zur närrischen Zeit, zu dem es sich herrlich
mit den Schellen scheppern läßt. Passend zu dem
Lied wird das Spiel mit den Schellen nun unter-
schiedlich gestaltet (siehe auch die Hinweise zu
„Lieder schmücken" auf S. 116).

Und später gilt es natürlich, das Spiel mit Schellen und Scheppern nicht nur in der „närrischen Zeit" zu pflegen.
Das Thema „Narren" ist davon auch unabhängig
zu betrachten. Till Eulenspiegel war auch ein
Narr, dessen Geschichten uns zu kleinen szeni-
schen Spielen anregen können, und in einer Bil-
derbuchgeschichte mit dem Titel „Der beste Hofnarr" wird von einer kleinen Prinzessin erzählt,
die unbedingt Hofnarr werden möchte; da gibt es
aber einige Schwierigkeiten zu überwinden – unter anderem gibt es eine große Narrenversamm-
lung, bei der jeder Narr sein bestes Narrenkunst-
stück vorführt . . .[39]

---

[39] Literaturtip: „Till Eulenspiegel" – neu erzählt von Heinz Janisch, illustriert von Lisbeth
Zwerger. Grossau (Zh)/Hamburg/Salzburg (Neugebauer) 1990
„Der beste Hofnarr" – von M. L. Miller, illustriert von Eve Tharlet. Grossau (Zh)/Ham-
burg/Salzburg (Neugebauer) 1985
„König und Narr" – erdacht und illustriert von Linda Wolfsgruber, erzählt von Ernst A.
Ekker. Wien (Kerle) 1994

4.3.3.4 Eine chinesische Morgenmusik

Instrumentengruppe:
Viele Becken (auch Fingercymbeln und Triangeln)
1 Glockenspiel (oder Metallophon)

Zuerst ist es sicher interessant, die Kinder einmal zu fragen, was sie eigentlich über China wissen. Heutzutage sind die meisten Kinder über die Medien mit fremden Ländern und Kulturkreisen in Berührung gekommen, aber oft beschränken sich ihre Kenntnisse auf einige grobe Klischeevorstellungen, und es fehlt differenziertes Wissen. In jeder öffentlichen Bücherei gibt es schöne und informative Bildbände über alle Länder der Welt – so können sich Erzieherin und Kinder diesmal mit Bildern aus China beschäftigen.

Dann spielt die Erzieherin auf einem Glockenspiel eine kleine chinesische Melodie – dazu kann folgende Tonreihe verwendet werden:

c   d   e   g   a   c

Ein Beispiel:

...

Auch die Kinder versuchen, eine kleine chinesische Melodie zu spielen.

Schließlich verteilt die Erzieherin nach und nach (nicht an alle auf einmal!) an jedes Kind ein Becken (oder ein anderes Klanginstrument), und jedes Kind kann mit seinem Instrument drei chinesische Klänge spielen. Das bedeutet, daß man sehr sparsam mit seinen Klängen umgehen muß, denn drei Klänge – das ist nicht viel!

Zuletzt wollen wir eine chinesische Morgenmusik spielen. Dazu spielt einer das Glockenspiel und alle anderen ihre drei kostbaren Metallklänge. Ein Kind alleine beginnt mit einem einzelnen, besonders schön gespielten Beckenschlag (diese Aufgabe wird bei einer Wiederholung des Spiels ebenso wie die Glockenspielaufgabe getauscht). Dann hören wir die Melodie vom Glockenspiel, und schließlich lassen alle anderen Spieler ihre drei Klänge langsam und nach und nach wie aufgehende Strahlen der Sonne erklingen.

Und später kann man auch einmal eine chinesische Abendmusik ausprobieren oder eine chinesische Tanzmusik, zu der man einen Fächertanz erfindet. Auch eine chinesische Tischmusik – vielleicht mit vielen Eßstäbchen – wäre lustig! In China wird auch nicht etwa nur leise, zarte Musik gemacht, sondern auch kräftige Trommelmusik, die von lauten Gongschlägen ergänzt wird (siehe Hinweise bei der „Instrumentenweltreise", S.114).

4.3.3.5 Träumereien

Instrumentengruppe:
Ganz nach Belieben – aber besonders „träumerisch" wirken Saitenklänge und Klänge von Selbstbauinstrumenten, die nur ziemlich leise Klänge von sich geben können . . . Aber auch Glockenspiele können träumen und andere lang klingende Instrumente. Anders ist es bei Alpträumen! Da brauchen wir vor allem unheimliche und „häßlich" klingende Klänge.

Zuerst werden Gespräche über Träume geführt, und die Erzieherin stellt in Bilderbüchern, Gedichten, Geschichten oder Liedern Situationen vor, in denen das Träumen, ein Traum oder ein Träumer eine Rolle spielt.[40]

Dann teilen wir unsere Träume ein in gute und schöne Träume und in häßliche Träume (diese auch ins Spiel einzubeziehen, kann für manche Kinder ausgesprochen entlastende Wirkung haben!) und suchen uns Instrumente, mit denen wir einander „Träumereien" erzählen können.

Schließlich können wir einzelne Momente aus Geschichten musikalisch-szenisch darstellen. In der Geschichte „Das Traumfresserchen" von *Michael Ende* hat die kleine Prinzessin Schlafittchen Angst vorm Einschlafen, denn sie fürchtet sich vor den bösen Träumen. Am Schluß bringt der König von einer Weltreise das Traumfresserchen mit, das ab nun alle bösen Träume der Prinzessin verspeist. Wir können Schlafittchen schlafen lassen, die bösen Träume sind verkleidet, haben selbstgemachte Masken auf und tanzen zu „Böse-Träume-Klängen" um ihr Bett. Aber da kommt das Traumfresserchen mit einem großen Salatbesteck, und es muß einen Traum nur leicht berühren – da hört man ein zartes „Ping" –, und der böse Traum verschwindet . . . Ein Schlaflied am Schluß für Schlafittchen rundet das Spiel ab.

---

[40] *In vielen Büchern wird geträumt – hier nur einige Hinweise:*
„Gute Reise, bunter Hahn!" von Eric Carle. Hildesheim (Gerstenberg) 1989
„Wo die wilden Kerle wohnen" von Maurice Sendak. Zürich (Diogenes) 1967
„Das Traumfresserchen" von Michael Ende, illustriert von Annegret Fuchshuber. Stuttgart (Thienemann) 1978
„Peterchens Mondfahrt" von Gerdt von Bassewitz. München (Südwest) 26. Auflage 1992
„Der kleine Häwelmann" von Theodor Storm. Bilder von Ursula Kirchberg. München (Bertelsmann Verlag) 10. Auflage 1992

Zuletzt werden im Falle von größeren Spieleinheiten unbedingt auch wieder viele Bilder zum Thema gemalt – diese stille Eigenbeschäftigung rundet intensive Gruppenerlebnisse auf ideale Weise ab.

Und später kann auch einmal ein kleiner Text, wie der von der „Schildkröte" oder der von den „Zwei Wurzeln", Anlaß für ganz kleine Traummusikimprovisationen sein, die die Erzieherin auch mal nur mit zwei oder drei Kindern in einer ruhigen Ecke ausprobiert:

Instrumentengruppe:
Ein Saiteninstrument – für die Schildkrötenträume
Eine tiefe Trommel – für ihre Schritte
Schellentrommel und ein Xylophon – für tanzende Kinder
„schschschsch"-Geräusche mit der Stimme für die Bäume

Die Schildkröte

Wer so bedachtsam wandert wie sie,
hat Zeit, im Gehen zu träumen.
Sie träumt, sie sei groß, eine Insel sei sie
mit tanzenden Kindern und Bäumen.

Josef Guggenmos

Instrumentengruppe:
Viele Rasseln – für die rauschenden Wipfel
zwei Holzinstrumente – für die Wurzelgespräche
zwei Stricknadeln – klappern lassen für das Eichhorn

Die zwei Wurzeln

– Zwei Tannenwurzeln groß und alt
  unterhalten sich im Wald.
– Was droben in den Wipfeln rauscht,
  das wird hier unten ausgetauscht.

– Ein altes Eichhorn sitzt dabei
und strickt wohl Strümpfe für die zwei.
– Die eine sagt: knig. Die andre sagt: knag.
Das ist genug für einen Tag.

Christian Morgenstern

4.3.3.6 Das Haus der Klopfgeister

Instrumentengruppe:
Viele, viele Klanghölzer und andere Holzinstrumente

Zuerst versammeln wir alle Holzinstrumente um uns und legen sie zum Spielen bereit in die Kreismitte auf ein weiches Tuch, damit sie nicht ständig von selbst klappern oder wegrollen können.

Dann erzählt die Erzieherin die Geschichte von dem „Klopfgeisterhaus", in der eine Menge Spiele rund um Holzinstrumente und viele verschiedene rhythmische Bausteine entdeckt werden können:

Die Geschichte:
Es war einmal ein altes Haus, und in jedem Zimmer wohnte ein kleiner Klopfgeist. Es gab jede Menge Zimmer in diesem merkwürdigen Haus, und wenn alle Klopfgeister zuhause waren, ging es ganz schön laut darin zu! Jedem Klopfgeist war es besonders wichtig, daß er ein ganz eigenes Klopfzeichen hatte – es durfte auf keinen Fall genauso klingen, wie das von seinem Zimmernachbarn. In manchen Zimmern lebten aber auch Klopfgeisterfamilien mit Vater, Mutter und Kindern, die hatten das gleiche Klopfzeichen – sonst hätten sie sich in dem großen Haus ja verirrt. So fanden sie aber immer wieder in ihr Zimmer zurück – sie mußten nur ihr Familienklopfzeichen richtig erkennen und selbst klopfen können, wenn die Türe aufgemacht werden sollte. Einmal in der Woche trafen sich alle Klopfgeister und klopften einander etwas vor, und alle Klopfgeister freuten sich die ganze Woche auf dieses Treffen, weil sie unbedingt bei dem Spiel „Klopfe, klopfe, Geisterchen" drankommen wollten. Bei jedem Treffen wurden nämlich immer nur drei Klopfgeister ausgewählt, die für alle anderen vorklopfen durften, welche Klopfzeichen gemeinsam geklopft wurden. Hatte man diesmal kein Glück, so konnte man auf die nächste Woche hoffen, wenn alle sich wieder treffen würden . . .

Schließlich werden nach und nach die „Klopfgeisterhaus-Spiele" ausprobiert und nach Lust und Laune variiert. Die Spiele können Titel bekommen, an denen sie die Kinder immer gleich wiedererkennen und sich später auch wieder wünschen können (wie z. B. das in der Geschichte erwähnte Spiel „Klopfe, klopfe, Geisterchen" – wo es einen Vorklopfer gibt, dem alle seine Klopfzeichen nachklopfen).

Zuletzt gilt es, im Spiel immer auch nach Möglichkeiten zu suchen, mal leise, mal laut, mal alleine, mal mit allen, mal zu zweit, zu dritt zu klopfen, „familienweise" nur die Klanghölzer klingen zu lassen oder nur die Holzblock- oder Röhrentrommel – also viel Differenziertheit ins „Klackerdiklack" der Holzklänge zu bringen – sonst mag sie bald niemand mehr hören!

Und später gesellen sich vielleicht zu den Klopfgeistern auch noch Klingelgeister und Schüttelgeister. Nun klingt es in unserem Haus viel bunter, und die Geister können zusammen ein Geisterorchester gründen . . .

4.3.3.7 Eine Instrumentenweltreise

Instrumentengruppe:
Einzelne Instrumente aus verschiedenen Ländern vorstellen.

Zuerst werden Eltern, Kolleginnen und Bekannte gebeten, Instrumente beizusteuern, die aus anderen Ländern und Kulturen stammen – und seien sie noch so klein und unscheinbar! Alles ist für uns von Interesse!

Dann wird sich die Erzieherin wieder einmal in die öffentliche Bücherei begeben und z. B. das Buch „Handbuch der Musikinstrumente" von *Alexander Buchner* oder ein ähnliches ausleihen. Darin kann man über Instrumente aus aller Welt und aus allen Zeiten Informationen finden – zunächst ist am wichtigsten, daß man herausbekommt, wie ein Instrument heißt.

Schließlich werden wir vorsichtig ausprobieren, wie die Instrumente klingen, und wir werden uns im Bewegungsraum eine Reiseroute vorbereiten – z. B. mit einer langen Schnur oder mit Tesakrepp. An diesem Weg liegen die verschiedenen Länder, die wir bereisen wollen – und ihre Instrumente, auf denen wir spielen werden, wenn wir dort ankommen! Die Reisestationen können auch mit Bildern, die die Kinder selbst malen, oder mit Fotos geschmückt werden sowie mit Gegenständen aus den Ländern (Fächer, Hüte, Gefäße . . .).

Zuletzt sollte sich die Erzieherin um Originalmusik aus verschiedenen Ländern bemühen und sie den Kindern in kleinen Ausschnitten vorspielen. Hier kann man in einer Mediathek fündig werden – ganz besonders zu empfehlen ist eine Schallplattenreihe, die von der UNESCO herausgegeben worden ist und Musikbeispiele aus allen Kulturen der Welt enthält.

Und später können Menschen aus anderen Ländern und Kulturkreisen mit ihren Instrumenten in den Kindergarten eingeladen werden, sich und ihre Musik vorstellen und gemeinsam mit den Kindern musizieren.
Aus der *Türkei* kann vielleicht jemand eine *Sas* mitbringen; aus *Japan* ein *Koto*. In *China* spielt man die *Pipa*, und in vielen Ländern gibt es Flöten und Trommeln.

4.3.4 Lieder begleiten und „schmücken"

Die Möglichkeiten, Lieder von drei- bis sechsjährigen Kindern begleiten zu lassen, sind naturgemäß beschränkt und je nach Disposition und Motivation recht unterschiedlich. Deshalb möchte ich auch auf die zusätzlichen Möglichkeiten des „Liederschmückens" hinweisen – dabei können alle aktiv werden, auch die Allerkleinsten! Hier werden einfache Begleitformen sowie diverses „Schmückwerk" modellhaft vorgestellt – in diesem Sinne können viele Lieder gestaltet werden, die Erzieherin und Kinder gerne singen.

Tip: Beim Spiel mit Stabspielen (Xylophonen, Metallophonen und Glockenspielen) gilt zuerst: immer auf dem kompletten Instrument spielen lassen und dem Spieler *immer zwei Schlägel* anbieten! Nur so gewöhnen sich die Kinder daran, auch zwei Schlägel zu benützen. Bei Liedbegleitung mit ganz bestimmten Tönen oder bei Melodieimprovisationen mit einer vorgegebenen Tonreihe nimmt man nur so viele Stäbe aus dem Instrument, wie für die gute Übersichtlichkeit notwendig.

Zuerst und immer sind das deutliche Artikulieren des Liedtextes sowie das lebendige Singen der Melodie beste Voraussetzung dafür, daß Kinder gleich aufhorchen und Interesse zeigen und bald schon versuchen mitzusingen. Das gute Vorbild der vorsingenden Erzieherin ist das Wichtigste für jeden musikalischen Umgang mit Liedern. Es geht nicht um Lautstärke, es geht um ein echtes Engagement beim Singen, und das ist eine Einstellungssache – kein Talent!

Hilfreich ist es, wenn sich die Erzieherin zum Singen auf der Gitarre begleiten kann; ist das nicht möglich, können wenige Klänge auf einem Metallophon oder Xylophon ebenso hilfreich sein.

Meist finden sich in guten Liederbüchern für den Kindergartenbereich Hinweise für eine einfache

Liedbegleitung auf dem Stabspiel – aber oft immer noch zu schwer für die Kinder selbst.

Es gibt durchgehende *Bordun- und Ostinatobegleitungen.* Das sind gleichbleibende Klänge (meist Quinten) oder kleine Motive, die das ganze Lied von Anfang bis Ende begleiten können. Gemeint ist dann immer eine *rhythmisch-metrische Begleitung,* das heißt eine, die mit dem Grundschlag des Liedes übereinstimmt – und das können die meisten Kinder noch nicht genau einhalten!

Ein Beispiel für Bordun:

Ein Beispiel für Ostinato:

Was noch? Eine sehr brauchbare Lösung hat bereits vor vielen Jahren *Nora Berzheim* gefunden. Bei Liedern, die mit einem Bordun oder einer Ostinatofigur begleitet werden können, schlägt sie die Töne, die dabei Verwendung finden als sogenannte „Begleittöne" vor, die dann von den Kindern in freier Folge zum Lied dazugespielt werden können. Es geht nicht um rhythmisch-metrische Genauigkeit – und wenn man gar nicht darauf besteht oder damit rechnet, stellt sie sich erstaunlicherweise meist ganz von selbst ein.

Ein Beispiel:

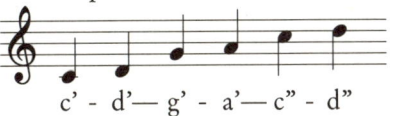

c' - d'— g' - a'— c" - d"

Außerdem darf nicht vergessen werden, daß viele unserer bekannten Kinder- und Volkslieder Kadenzbeglei-
tungen brauchen. Nur, wer darüber im Instrumentalunterricht bereits etwas gehört hat, fängt
auch etwas mit den Buchstaben und Zahlen an, die
man oft in Liederbüchern über den Notenlinien
findet. Diese Kürzel helfen einer gitarrekundigen
Erzieherin, die richtigen Akkorde zum Lied zu
spielen. Die Kinder können das in diesem Fall geforderte harmonische Hören noch gar nicht aufbringen und daher auch die Stufenbegleitung (Tonika – Dominante) nicht auf Instrumenten aus-
führen. Es ist eine übermäßige Zeitverschwen-
dung, wenn Sie meinen, Sie müßten das mit den
Kindern üben – das artet notgedrungen in Drill
aus und hat mit Musizieren kaum noch etwas gemeinsam ...

Schließlich haben wir aber auch noch die Möglichkeit, ein
Lied vom *Inhalt* und seiner *Stimmung* aus zu begleiten und zu schmücken. Text und Melodie
gehören bei einem Lied ja untrennbar zusammen,
und so ist es weit verbreitet, viele Lieder, die im
Kindergarten gesungen werden, auch darzustel-
len. Nun muß es bei dieser Darstellung nicht immer nur um Bewegungsdarstellung gehen, es kann
auch eine Klangdarstellung sein – das heißt dann,
das Lied wird zum Teil genauso behandelt wie
eine Geschichte oder ein Gedicht, die zu einer
Klanggeschichte bzw. zu einem Klangbild werden.

Vorspiele führen in die Stimmung des Liedes ein. Bei einem
Regenlied werden wir es auf verschiedenen In-
Zwischen- strumenten leise und dann immer lauter werdend
spiele regnen lassen; bei einem Lied über Blumen, Tiere,
Glocken, die Sonne, den Nebel usw. werden wir
Nachspiele Klänge verwenden, die diese Inhalte gut darstellen

können und Klangbilder daraus entwickeln. Genauso verfahren wir mit Zwischenspielen (wenn das Lied mehrere Strophen hat) und Nachspielen.

Zuletzt können auch ausgewählte Wörter im Lied speziell „geschmückt" werden. Das können besonders wichtige Begriffe sein wie auch prägnante rhythmische Gestalten, die durch Klänge hervorgehoben werden sollen. Das kann frei klingend ebenso reizvoll wirken wie eine rhythmisch genaue und dem Wortrhythmus folgende Version.

„Schmuck" – ein Beispiel:

Und später werden Erzieherin und Kinder mit etwas Übung immer schneller bei neuen (und alten) Liedern die Möglichkeiten zur Begleitung und zum

„Schmücken" entdecken. Kein Lied *muß nur
noch* gesungen werden – aber auch das ist zwischendurch wieder einmal sehr reizvoll – es *muß
auch nicht immer* klingen!

4.4. Instrumente bauen

Schon vorne habe ich darauf hingewiesen, daß dieser Bereich
durch eine Vielzahl guter Literatur abgedeckt ist. So werde ich
mich hier auf einige wenige praktikable sowie reizvolle Vorschläge beschränken und Instrumententypen zum Selberbauen
vorschlagen, die sich in meiner Praxis besonders bewährt haben
und die vielseitig zum Einsatz kommen können.

4.4.1 Kinder bauen selbst

Die Instrumente, die die Kinder vorwiegend selbst herstellen
können, werden aus einfachen Materialien gebaut, und die Mit-
hilfe der Erzieherin kann auf vorangehende Information sowie
wenige unterstützende Handgriffe beschränkt sein. Manche
Materialteile allerdings werden zur Nachbearbeitung durch die
Kinder schon vorbereitet werden müssen. Die individuelle Ver-
zierung des eigenen Instrumentes bleibt ganz dem einzelnen
Kind und seinen gestalterischen Wünschen überlassen.

4.4.1.1 Waldteufel

Ein auch in China und Indien noch heute gebräuchlicher Kin-
derbrummtopf (Reibtrommel). Als Ursprungsland scheint Indien angesehen werden zu müssen.[41]

---

[41] Sachs, Curt: Reallexikon der Musikinstrumente. Hildesheim (Olms) 1964, S. 420

Material: – Joghurtbecher
– Rundholzstück (oder ein kleiner Ast;
1-1,5 cm Durchmesser)
– Nylon(Angel-)schnur (0,5-0,8 mm stark,
50-70 cm lang)
– Holzperle

Werkzeug: – einige dicke Stopfnadeln
– eine Kerze
– einige kleine Feilen (Schlüsselfeilen)
– einige Scheren
– Kolophonium (Harz)[42]
– feines Schmirgelpapier

Vorbereitung: Eine Rundholzstange in ca. 12 cm lange Stücke sägen – pro Kind ein Stück.

Bauanleitung:

Kind: Die Spitze der Stopfnadel über der Kerzenflamme erhitzen und damit in der Mitte des Joghurtbechers ein Loch bohren; den Nylonfaden durch das Loch fädeln und an der inneren Seite eine Holzperle anknoten, damit er nicht mehr herausrutschen kann.

Erzieherin: Eventuell beim Knoten des Nylonfadens um die Holzperle behilflich sein.

Kind: Mit einer kantigen oder runden Schlüsselfeile an einer Seite des Rundholzstückes (etwa 1-1,5 cm vom Rand) eine Rille feilen und mit dem Schmirgelpapier glatt schleifen (eventuell macht die Erzieherin einen Anfang).

Erzieherin: Das andere Ende der Nylonschnur mit einem Spezialknoten, der sich nicht mehr weiter zusammenziehen darf (siehe Abbildung)[43]

---

[42] Kolophonium ist ein spezielles Harz, das normalerweise zur Aufrauhung der Haare eines Streicherbogens Verwendung findet. Erhältlich in jedem Musikgeschäft.
[43] Graphik von Joachim Schuster, aus: Musik und Tanz für Kinder – Musikalische Grundausbildung/Lehrerkommentar. Mainz (Schott) 1990, S. 405

um das Holzstück binden – die Schnur muß in der Rille einen Bewegungsspielraum behalten, darf aber auch nicht zu locker sitzen!

Kind: Die gefeilte Rille im Rundholzstück mit Kolophonium rundherum einreiben.

Spielweise: Es gibt mehrere Möglichkeiten, den *Waldteufel* zum „Sprechen" zu bringen:

● Das Kind hält das Rundholz fest und schwingt den *Waldteufel* rasch über seinem Kopf. Der Nylonfaden reibt am Holz – diese Reibung überträgt sich auf den Joghurtbecher wie auf einen Schalltrichter, und ein lautes, schnarrendes Geräusch entsteht, das sich je nachdem, ob langsamer oder schneller gedreht wird, ändert.

● *Vorsicht:* genug Abstand zu anderen Kindern halten, damit niemand durch den *Waldteufel* ein blaues Auge oder eine Beule erhält!

● Das Kind hält in der einen Hand das Holzrundstück und in der anderen Hand den Joghurtbecher. Das Nylonband wird gespannt. Dreht man nun das Rundholz verschieden schnell und verändert die Spannung des Nylonfadens, kann man allerlei schnarrende und krächzende Ge-räusche, die durch die Reibung erzeugt werden, herstellen. So kann der *Waldteufel* allerlei „Geschichten erzählen" ... Zupft man die gespannte Saite, klingt der Waldteufel plötzlich viel freundlicher – auch zwei Kinder können gemeinsam so mit einem Waldteufel spielen und sich etwas erzählen

4.4.1.2 Summerbrummer und Schwirrhexe

Dieses Instrument kann instrumentenkundlich zwischen den *Aerophonen*, deren Klang durch Vibration der Luft entsteht, und den *Chordophonen*, den Saiteninstrumenten, eingeordnet werden. In dieser Form ist es neu erfunden worden.

Den Namen erhält es von der jeweiligen Form, die man dem Stück Pappe gibt – das kann einmal einer Biene ähnlich sehen und somit *Summerbrummer* genannt werden, einmal einer Hexe auf einem Besen mit Namen *Schwirrhexe* (nach einer Idee von Liz Collins aus Berlin). Es gibt noch viele andere Möglichkeiten – Ihrer Phantasie sind keine Grenzen gesetzt!

Material:
– Holzwäscheklammerhälften (als Bastelmaterial kaufen oder Holzklammern zerlegen und die Metallfeder entfernen)
– Flaschenkorken
– dünner Karton (ca. 12 x 20 cm)
– Schnur (50 – 70 cm lang)
– Luftballon

Werkzeug:
– Kontaktkleber
– Scheren
– Bleistifte
– Malstifte oder Buntpapier
– kleine Säge oder Taschenmesser
– feines Schmirgelpapier

Vor-bereitung:
In der Dicke der Klammerteile (ca. 1 cm) von dem Korken Scheiben sauber abschneiden und halbieren; für die Hexenform Pappschablonen anfertigen, da diese Form zu schwierig ist, um von den Kindern frei gezeichnet zu werden.

**Bau-
anleitung:**[44]

Kind:

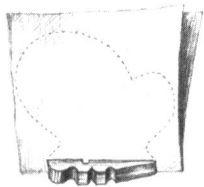

Der Karton wird einmal quer gefaltet, an den
Falzrand wird eine Klammerhälfte angelegt, und
die Umrisse werden mit einem Bleistift nachgezeichnet. Nun kann der *Summerbrummer* vom
Kind selbst darübergemalt werden, oder eine
Schablone der *Schwirrhexe* (bzw. einer neuen Figur) wird angelegt und nachgezeichnet (Abb. 1).

Die Figur wird ausgeschnitten, bemalt und zusammen mit der Schnur zwischen die beiden
Klammerhälften geklebt (Abb. 2).

Mit dem feinen Schmirgel-
papier werden die Kanten der
halbierten Korkenscheiben
vorsichtig glatt geschmirgelt
und mit Kontaktkleber an die
bezeichneten Stellen geklebt
(Abb. 3).

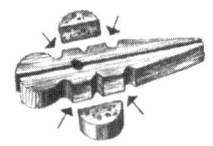

Erzieherin:

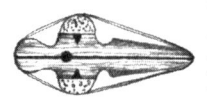

Von einem Luftballon (nicht aufgeblasen!) wird
der wulstige Rand und dann vom Luftballonhals
ein etwa 4 – 6 mm schmaler Ring abgeschnitten.
Dieses Gummihäutchen soll faltenfrei und ohne
Verdrehungen den Holz- und Korkenkörper um-
spannen (Abb. 4).

Spielweise:

Die *Schwirrhexe* und auch der *Summerbrummer*
wollen hoch über dem Kopf des Kindes wild im
Kreise fliegen! Dazu müssen sie kräftig herumge-
wirbelt werden – erst dann beginnen sie zu summen und zu schwirren. Indem man schneller und
langsamer dreht, erhält man verschiedene Töne.

---

[44] Abbildungen und Idee aus: Haselbach/Nykrin/Regner (Hrsg.): Musik und Tanz für Kinder – Musikalische Grundausbildung/Kinderbuch. Mainz (Schott) 1990, S. 40/41

4.4.1.3 Rasselmemory

Ein Memoryspiel mit Bilderpaaren fehlt als optische Sinnes-
und Gedächnisschulung heute in keinem Kindergarten mehr –
auch als gehörsensibilisierendes Spiel mit je zwei gleichklingen-
den Filmdöschenrasseln sollte es überall vorhanden sein! Es ist
sehr leicht und billig mit Hilfe der Kinder herzustellen und im
Laufe der Zeit immer wieder ergänzbar.

Material: – viele Filmdöschen in schwarz (undurchsich-
tig!), die jedes Photogeschäft in Massen weg-
schmeißt . . .
– verschiedenstes Füllmaterial
– kleine Klebeetiketten
– Buntstifte
– ein schöner und stabiler Karton oder Holzkasten, um die Döschen später gut aufbewahren
zu können.

**Bau-
anleitung:** Zuerst malen die Kinder auf je zwei kleine Etiket-
ten die gleichen Bildchen oder Zeichen (z. B. ver-
schiedenfarbige Punkte oder Sterne, ein kleines
Tannenbäumchen, eine Sonne) und kleben sie auf
den Boden der Filmdöschen. Diese optische Hilfe
kann später in Anspruch genommen werden, um
festzustellen, ob man wirklich das richtige Klang-
paar herausgehört hat.
Dann werden die Füllmaterialien sortiert, und in
je zwei Döschen (mit den gleichen Bildchen) wird
genau dasselbe Material hineingegeben.

Spielweise: Ebenso wie beim Bildermemory werden nun einige Döschenpaare (nicht zuviele am Anfang!)
schön ordentlich in Reihen zu einem Viereck auf-
gestellt, und immer ein Kind rüttelt zwei Döschen
und stellt sie wieder hin – die Kinder sind beim
Merken von Klängen ebenso geschickt wie bei

den Bildern und werden bald alle erwachsenen
Mitspielerinnen übertrumpfen.
Die Anzahl der Döschen wird allmählich erhöht,
und nach einer Weile werden die Inhalte auch einmal durch neue Klänge ausgetauscht.

4.4.1.4 Klingeleien

Hier passen alle bekannten und neuen Instrumententypen hinein, die aus den verschiedensten Materialien bestehen und dadurch zum Klingen kommen, daß irgend etwas an irgend etwas
anderes anstößt . . . Ob Metall an Metall, Holz an Holz, Plastik
an Plastik oder auch alle Arten von gemischten Formen – klingeln, klappern, klirren oder klimpern soll es auf eine Weise, daß
es allen Instrumentenbauern gefällt.

Material: – Metall- und Holzgardinenringe
　　　　　　 – Nägel aller Größen
　　　　　　 – ausgediente Schlüssel
　　　　　　 – Bambusstangen (oder Rundhölzer)
　　　　　　 – alte (eher dünne) Holzbrettchen
　　　　　　 – Modeschmuck aus Blech oder Plastik
　　　　　　 – Plastikbecher, -teller, -schüsselchen
　　　　　　 – Flaschenverschlußkapseln (leicht zu bekom-
　　　　　　　　men, aber etwas gedämpft im Klang, da das ein-
　　　　　　　　geschmolzene Kunststoffplättchen in der Me-
　　　　　　　　tallkapsel nur sehr mühsam zu entfernen ist.)
　　　　　　 – Metallkapseln von Sektkorken (nur bei etwas
　　　　　　　　teureren Marken zu finden – aber besonders
　　　　　　　　hübsch klingend, da sie aus reinem Blech beste-
　　　　　　　　hen.)
　　　　　　 – Schellen, Glöckchen (das einzige Material, das
　　　　　　　　extra gekauft werden muß . . .)
　　　　　　 – Schnur, Wolle, Metallringe, Lederbänder, Ny-
　　　　　　　　lonschnur u. ä. m. zum Aufhängen

Werkzeug: – Schere
– evt. kleiner Handbohrer
– Hammer
– Schmirgelpapier

„Astharfe"

**Vor-
bereitung:** Je nach Material kann die Erzieherin vorher ausprobieren, was sie den Kindern selbst zumutet
und zutraut und was sie lieber vorbereitet. Die
Metallplättchen (oder Flaschenverschlüsse) mit
dem Hammer flachzuklopfen, ist möglicherweise
von einigen geschickten (und schon etwas größeren) Kindern zu bewältigen; in kleine Holzbrettchen Löcher zum Aufhängen zu bohren, ist von
der Erzieherin sicher rascher besorgt.

**Bau-
anleitung:** Das Material muß sortiert werden, und man entscheidet, welche Dinge zu einer „Klingelei" zu-
sammengestellt werden sollen. Dann sucht man einen Gegenstand, an dem die Dinge aufgehängt
werden können, knotet Schnüre (o. ä.) an die
Dinge und hängt sie so auf, daß sie auf verschie-
denartige Weise miteinander in Kontakt kommen.
Manchmal ist das auch eine Frage des richtigen
Ausbalancierens von schwereren und leichteren
Dingen. In alle diese Arbeitsschritte können die
Kinder voll- und teilverantwortlich mit eingebun-
den werden.

Spielweise: Je nach Größe der „Klingeleien" können sie von
einzelnen Kindern geschüttelt oder angestupst
werden, oder sie werden von mehreren Kindern
bespielt, indem die Gegenstände entweder anein-
andergeschlagen oder mit einem Stock oder Stab
auch einzeln bespielt werden. Das kommt vor allem dann als Spielweise zum Tragen, wenn es sich
um regelrechte Klanggerüste handelt, die im
Freien ihre Aufstellung finden und an denen alte
Kuchenbleche, Autoradkappen, Metallröhren
vom Schrottplatz u. ä. hängen.

4.4.1.5 Alte Bekannte

In diesem Abschnitt sollen einige vertraute Selbstbauinstrumente erwähnt und ihre Herstellung kurz beschrieben werden, damit sie nicht in Vergessenheit geraten ...

Das Kazoo: Dieses Instrument stellt man aus einer Klopapierrolle, etwas Seidenpapier und einem Gummi her. Über die eine offene Seite wird das Seidenpapier mit dem Gummiring gespannt, etwa 2 cm von diesem Rand entfernt wird mit der Schere ein Loch in die Rolle gebohrt. Legt man den Mund auf dieses Loch und singt in das Rohr hinein, beginnt das Seidenpapier zu schwingen, und der Sington wird schwirrend verfremdet. Derselbe Effekt ist beim „Kammblasen" aus früheren Zeiten zu beobachten. Verschönern der Papprolle nicht vergessen!

Die Glühbirnenrassel: Kaputte Glühbirnen werden mit einer nicht zu dicken und nicht zu dünnen Schicht aus Pappmaché umklebt (dabei kann am Schmalende auch ein Rundholz von etwa 15-20 cm Länge als Haltestab mit eingearbeitet werden). Nach dem Trocknen schlägt man mit dem Gewinde sooft auf eine Tischkante, bis innen das Glas der Glühbirne zerspringt und als Rasselinhalt hübsche helle und feine Klänge von sich gibt. Nun soll die Rassel auch noch nach allen Regeln der Kunst angemalt werden!

Nußkastagnetten und andere Nußklappern: Instrumente aus Walnußhälften (ganze Nüsse vorsichtig mit einem Messer so öffnen, daß die Hälften unverletzt bleiben) sind ausführlich in „Musik und Tanz für Kinder"[45] dargestellt. Sie bieten einen hellen, klappernden Holzklang, und das Spiel der Nußkastagnetten fordert von den Kindern viel feinmotorische Geschicklichkeit.

Röhrentrommelset: Pappröhren, verschieden lang und breit, werden mit Cellophonpapier bespannt (am besten mit doppel-

---

[45] 1. Kinderheft: Der Musikkater, sowie Lehrerkommentar 1, S. 185 – 196. Mainz (Schott) 1984

seitigem Klebeband ankleben und mit breitem Tesaband noch
zusätzlich befestigen). Einige können nun auch noch miteinander verbunden werden. Der Spieler setzt sich auf einen Stuhl,
klemmt das Röhrentrommelset zwischen die Knie – und schon
kann die Trommelei anfangen!

4.4.2 Eltern und Erzieherinnen bauen für die Kinder

Unter den „Didaktischen Stichworten" wurde bereits die Einrichtung eines *Instrumentenbastelnachmittags* kurz beschrieben. Jedes Instrument kann dort gebaut werden – ganz nach
Lust und Laune, nach Fähigkeit und zur Verfügung stehendem
Material. Neben solchen Nachmittagsveranstaltungen, an denen
auch die Kinder teilnehmen, können auch einmal gezielt Bastel-
abende angeboten werden, an denen die Erwachsenen unter sich
sind und so ein konzentrierteres Arbeiten möglich wird. Für
solche Situationen sind die folgenden ausgewählten Vorschläge
vor allem gedacht.

4.4.2.1 Saiteninstrument

Wir wollen ein einfaches Saiteninstrumet, die einsaitige „Spieß-
geige" oder „Dosengitarre", bauen. Man kann sie in verschiedenen Größen herstellen, bis hin zum „Dosenbaß" (siehe Abb. auf
S. 67). Mehr Aufwand erfordern alle mehrsaitigen Instrumente,
was die Zeit, das Material, die Kosten und das bastlerische
„Know-how" betrifft. Will man anspruchsvolle Saiteninstrumente selber herstellen, gibt es in Instrumentenbaubüchern
meist brauchbare Beschreibungen. Eine andere Möglichkeit ist,
an einem Instrumentenbaukurs teilzunehmen (siehe Adressen
dazu auf S. 155) und dieses erworbene Wissen dann an die Eltern
und die Kolleginnen weiterzugeben.

Material: – Konservendose, Plastikbehälter
              – Holzleiste (zw. 60 und 120 cm lang, zw. 2,5 und
                5 cm breit und 1-1,5 cm dick)

         – Nylonschnur/Angelschnur (Durchmesser:
          0,75-1,5 mm)
         – Dreikantholz (ca. 1,5 – 2 cm lang)
          oder zugeschnittene Korkenstücke
         – Holzperlen

Werkzeug: – Feinsäge
          – Flachzange
          – Scharfes Messer (Stanleymesser)
          – Schere
          – Leim

Bau- (1) Mit der Säge werden
anleitung[46] an beiden Enden Kerben
in die Leiste eingeschnitten.

(2) Die Dose (der Behälter) wird an zwei gegen-
überliegenden Seiten eingeschnitten, so daß die
Leiste gerade durchgesteckt werden kann und etwas klemmt.

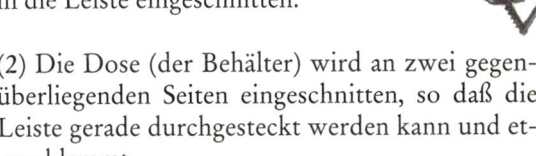

(3) Der Nylonfaden soll
zunächst noch länger als die
Gitarre sein. In die Enden
wird jeweils eine Holzperle
geknotet – nun soll der Faden
zwischen den beiden Enden
kürzer als die Leiste sein
und wird mit Hilfe der Flachzange straff
eingespannt.

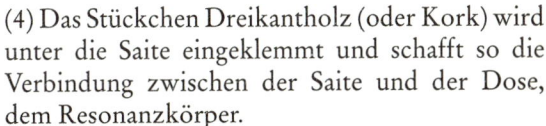

(4) Das Stückchen Dreikantholz (oder Kork) wird
unter die Saite eingeklemmt und schafft so die
Verbindung zwischen der Saite und der Dose,
dem Resonanzkörper.

---

[46] Abbildungen und Idee aus: Haselbach/Nykrin/Regner (Hrsg.): Musik und Tanz für Kinder – TAMUKINDER/Kinderheft 4. Mainz (Schott) 1985, S. 14 und 15

4.4.2.2 Schlaginstrument

Hier soll eine einfache und doch sehr effektive Art des Trommelbaus vorgestellt werden, bei der Erwachsenenhände Geduld, Feingefühl und Kraft einsetzen müssen![47] Die so entstandenen Trommeln sind dann aber auch lange haltbar und haben einen reizvollen Klang.

Material: – Autoschlauch (besonders große Flächen kann man aus LKW-Schläuchen herausschneiden) oder feste Plastikfolie (z. B.Verpackungsmaterial)
– große Konservendosen, starke, runde Pappbehälter oder Installations- (Kanalplastik-) rohre
– starke Schnur, doppelseitiges Klebeband oder Schlauchklemmen (oder -schelle) passend zur Größe des Installationsrohres

Werkzeug: – Stanleymesser
– Lederlochzange
– Schere

Bauanleitung: Aus dem Autoschlauch oder der Plastikfolie wird ein rundes Stück herausgeschnitten – etwa 10 cm größer im Umfang als die Dose. Soll eine Plastikfolie als „Trommelfell" verwendet werden, wird der Rand der Dose (oder beide, wenn man eine Doppelfelltrommel bauen will) mit dem doppelseitigen Klebeband umklebt und die Folie so straff wie möglich (mehrere Hände helfen einander!) darauf geklebt. Mit einer festen Schnur, die mehrfach herumgewickelt wird, hält die Folie besser (wenn es von der Größe her paßt, kann auch ein starkes Einmachgummi verwendet wer-

---

[47] Idee von Ernst Wieblitz, aus: Haselbach/Nykrin/Regner (Hrsg.): Musik und Tanz für Kinder – Lehrerkommentar 1. Mainz (Schott) 1985, S. 248 und 249

den) und verschönert gleichzeitig die Trommel.
Wird ein Autoschlauch verwendet, entsteht eine
Doppelfelltrommel. Beide Autoschlauchflächen
werden etwa 5 cm vom Rand her mit der Lederlochzange mit Löchern versehen und miteinander
mit einer starken Schnur verschnürt – wieder
müssen einige Hände zusammenarbeiten, damit
die „Trommelfelle" gut gespannt werden können.
Der Vorteil dieser Bauweise liegt darin, daß man
die Trommeln immer wieder nachspannen (und
auch neu bespannen) kann.

4.4.2.3 Schlägel

Für viele Instrumente werden Schlägel benötigt, und zwar verschiedener Machart. Schlägel sind relativ teuer und haben es leider an sich, auf mysteriöse Weise im Laufe der Zeit zu ver-
schwinden . . . Es bietet sich daher an, immer wieder auch Schlägel für den Kindergarten selbst zu bauen. Manche sind sehr
schnell gebaut, manche brauchen einiges Fingerspitzengefühl.
Selbstgebaute Schlägel können farbig reizvoll gestaltet werden
und sonstige Verzierungen erfahren, ja sogar Gesichter bekommen. Den Kindern wird es besondere Freude machen, mit ihren
eigenen Schlägeln, gebaut von Mutter oder Vater, am nächsten
Tag ein Spiel zu machen.

Material: – Holz- oder Bambusstäbe (6-8 mm Durchmes-
ser, zwischen 20 und 30 cm lang pro Schlägel)
– Holzkugeln (ca. 2 cm Durchmesser)
– Wollreste verschiedener Farben
– Lederreste

Werkzeug: – Handbohrer (besser: Bohrmaschine) mit Holz-
bohrer 6 oder 8 mm
– Holzleim
– Stopfnadel
– Schere

Bau- Vorbereitung: In alle Holzkugeln wird ein dem
anleitung: Durchmesser der Holz- oder Bambusstäbe entsprechendes Loch gebohrt; die Holz- oder Bambusstäbe werden für kürzere oder längere Schlägel
in 20, 25 und 30 cm lange Stücke gesägt.
(1) Vor dem Aufstecken der Kugel etwas Leim in
das Loch geben. Dann die Kugel aufstecken und
auch von außen rundum mit Leim bestreichen.

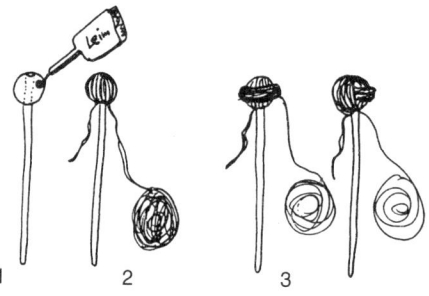

(2) Wolle in gleichmäßigen Windungen um die
Kugel wickeln.
(3) Ca. 10 20 Windungen (je nach Wolldicke) quer
wickeln. Dann wie vorher von oben nach unten
wickeln, bis sich eine schöne, gleichmäßige Form
ergibt.
(4) Einen ca. 50 cm langen Faden am Schluß zum
Vernähen übriglassen; oberhalb und unterhalb der
Schlagfläche rundum vernähen – so entsteht ein
schönes Muster, und die Wicklungen werden damit fixiert.

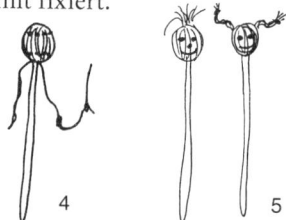

(5) Allerlei Verzierungen lassen sich zur Freude
der Kinder auch noch anbringen!

Variationen: Außer den oben beschriebenen weichen Woll-
schlägeln, die für das Spiel auf Stabspielen und
Trommeln geeignet sind (je mehr Wolle man ver-
wickelt, umso größer und weicher werden sie),
kann man sich auch einige Schlägel nur mit Holz-
köpfen zulegen sowie einige weitere, um die man
in der Mitte der Holzkugel einen Lederstreifen
klebt, der den Anschlag etwas dämpft, aber immer
noch recht hart klingt.

Weichere Schlägelköpfe lassen sich auch aus rund-
geschmirgelten Flaschenkorken oder kleinen
Vollgummibällen herstellen.

oder

Spielweise: Welche Schlägel für welche Instrumente eingesetzt werden, ist vor allem Geschmacksache. Ausprobieren ist alles! Wie soll unsere Musik klingen?
Weich und leise oder aufreizend hart und laut?
Gut zu hören, prägnant, doch nicht zu laut? Entscheiden Sie selbst, und lassen Sie die Kinder immer wieder neu entscheiden.

4.4.3 Besuch in einer Instrumentenwerkstatt

Nach eigenen Instrumentenbauerfahrungen bietet sich ein Ausflug zu einem richtigen Instrumentenbauer an. Ein Blick ins Telephonbuch genügt meist, um einen brauchbaren Betrieb ausfindig zu machen. Instrumentenbau ist in den meisten Fällen bei uns noch echtes Handwerk, obwohl natürlich auch hier für bestimmte Arbeitsschritte Maschinen eingesetzt werden. Wenn Sie es möglich machen können, an zwei aufeinanderfolgenden Tagen mit je der Hälfte der Kindergruppe bei Geigen- oder Gitarrenbauer, beim Orgel- oder Flötenbau zuzuschauen, werden die Kinder mit tiefen Eindrücken in den Kindergarten zurückkehren. Vielleicht hat es sogar aus Abfällen so manches Holz- oder Metallstück gegeben, das die Kinder als Erinnerung mitnehmen durften und das man später für den eigenen Instrumentenbau weiterverwenden kann.

4.5. Wir dirigieren und komponieren

Die Dirigenten in unseren Spielsituationen sind keine „Befehlshaber"! Wenn sie „den Ton angeben", dann sind sie eher mit „der ersten Geige" verwandt oder mit einem Komponisten, der nach seinen Wünschen Geräusche, Klänge und Töne „zusammenstellt", wie es die Übersetzung des lateinischen Wortes „componere" besagt. Unsere Dirigentenspiele geben einzelnen Kindern die Möglichkeit, einmal im Mittelpunkt zu stehen, von allen (an)gesehen zu werden und eigene Entscheidungen treffen zu dürfen. Nicht alle Kinder in einer Gruppe wollen oder können das bereits! In regelmäßigen Abständen kann sich die Erzieherin durch das Angebot eines Dirigentenspiels Überblick darüber verschaffen, inwieweit einzelne Kinder an Eigenständigkeit und Willenskraft gewonnen haben.

4.5.1 Dirigenten geben den Ton an . . .

Die Spiel-situation:	Das Hauptmerkmal des Spiels ist die „Macht der Entscheidung", die einem Kind der Gruppe für eine gewisse Zeit übertragen wird. Diese wirklich ernstzunehmen und anzuerkennen, ist Aufgabe der Erzieherin wie der anderen Kinder.
Das Material:	Instrumente (Instrumentengruppen) nach Wahl
Der Raum:	Gruppenraum
	Halbkreisaufstellung der Gruppe mit kleinem erhöhten Platz (Podest) für den Dirigenten davor.
Die Zeit:	10 Minuten („Zwischendurchspiel")

Zuerst wird gemeinsam eine Entscheidung über das zu verwendende Instrumentarium getroffen.

Dann wird ein erster Dirigent bestimmt, der entscheiden darf, ob er „persönlich" dirigieren will, oder ob er sich durch eine Tütenpuppe, eine andere Puppe oder ein Stofftier „vertreten" läßt.

Schließlich beginnt das Konzert, und Inhalt und Verlauf werden einzig und allein durch die Ideen und Zeichen des Dirigenten/der Dirigentin bestimmt. Natürlich hat es vorher eine gemeinsame Besprechung gegeben. Es ist geklärt worden, was ein Dirigent alles zeigen kann. Er wird bestimmen:

- ob ein Musiker spielt, zwei oder alle;
- ob zwei Gruppen nacheinander spielen;
- ob laut, leise, lauter oder leiser gespielt wird;
- wann schnell, langsam, schneller, langsamer gespielt wird;
- ob „spitze" und kurze Klänge oder weiche gedehnte gespielt werden;
- ob helle hohe oder dunkle tiefe Klänge gespielt werden.

Zuletzt werden die Musiker befragt, ob sie immer gut erkennen konnten, was der Dirigent wollte, und der
Dirigent wird gefragt, ob die Musik, die die Musiker gespielt haben, so geklungen hat, wie er es sich
vorgestellt hat . . .
Dann wird ein anderes Kind als neuer Dirigent
seine Zeichen setzen!

Und später können manche dieser „Dirigentenkompositio-
nen" auf Tonband aufgenommen bzw. graphisch
festgehalten werden (siehe Kap. 4.5.3, S. 144f)

4.5.2 Klangbilder und -geschichten komponieren

**Hier finden Sie erneut anschaulich formulierte Vorschläge für
die Gestaltung mit verschiedenen Instrumenten – diesmal
aber sollen die Kinder viel stärker als vorher in die Entwicklung der Geschichte mit einbezogen werden! Die Spielsituationen sind weitaus knapper beschrieben als im 3.Kapitel „Instrumente spielen", denn hier soll es ja um das eigene Komponieren gehen. Gegeben sind Titel und Spielbausteine einer
Situation. Ein Klangbild unterscheidet sich von einer Klanggeschichte vor allem durch die Länge. Ein Klangbild ist kürzer, eher ein Stimmungsbild, „auf einen Horcher" zu erfassen,
eine Momentaufnahme . . . Eine Klanggeschichte dauert etwas
länger. Sie will etwas erzählen, ein kleiner Geschichtsfaden
entwickelt sich, sie teilt sich in verschiedene Abschnitte auf.
Sehen Sie die Beispiele vor allem als Anregung, Ihren eigenen
Ideen zu folgen, die beim Lesen der Titel und Spielbausteine
vor Ihrem inneren Auge auftauchen – und – achten Sie auf die
vielen, oft ungewöhnlichen Vorschläge, die von den Kindern
selbst kommen. Sie werden viel Gelegenheit zum Staunen haben und sich insgeheim sagen müssen: „Darauf wäre ich nie
gekommen!"**

Tip: Immer mal wieder – aber nicht zu oft – nehmen wir unsere
gelungensten Klangbilder und -geschichten auf Tonband auf. So
können wir eine eigene *Hörspielsammlung* für den Kindergarten

anlegen, die einzelne Kinder mit Kopfhörer in der Kuschelecke anhören können.

4.5.2.1 Klangbild: Auf der Blumenwiese (nach dem Spiel: „Klingende Blumen" von Lilli Friedemann[48])

Spielbaustein:
Richtige Blumen duften und haben verschiedene Farben; unsere Klangblumen haben verschiedene Klänge. Manche der Klangblumen wachsen alleine, manche stehen zu zweit oder zu dritt zusammen.

Zuerst sucht sich jeder Mitspieler ein Instrument aus und versucht, darauf einen Klang (einen Rhythmus, eine Tonfolge, eine besondere Spielart) zu finden, mit dem er seine persönliche Blume darstellen will.

Dann wird ein Spaziergänger über die Blumenwiese gehen und sich alle Klangblumen gut anhören. Alle spielen mittellaut, damit jede Klangblume gut zu hören ist. Der Spaziergänger will einen Blumenstrauß pflücken – er wählt einmal drei, ein anderes Mal auch fünf Klangblumen aus. Allen anderen zeigt er deutlich (aber freundlich!), daß sie aufhören sollen zu spielen. Ein anderer Spaziergänger wird sich wieder einen anderen Klangblumenstrauß zusammenstellen – es ist unauffällig darauf zu achten, daß jedes Kind mit seiner Klangblume wenigstens einmal für einen Blumenstrauß gewählt wurde.
Der gewählte Blumenstraußklang wird eine Weile genau angehört – der Spaziergänger und Komponist des Straußes soll sich eine Möglichkeit überlegen, das Spiel zu beenden.

---

[48] Friedemann, Lilli: Trommeln-Tanzen-Tönen. Wien (Universal) 1983, S. 50

4.5.2.2 Klangbild: „Spaziergang auf der Milchstraße"

Spielbaustein:
Stellen wir uns vor, wir könnten hoch oben am Himmel einen Spaziergang auf der Milchstraße machen. Millionen Sterne sehen wir rund um uns herum, es blinkt und blitzt und blendet uns. Sonst sehen wir nichts, es ist stockdunkle Nacht. Das Blinken und Blitzen der Sterne hört man in unserem Klangbild, auch die dunkle Nacht – welche Instrumente sind geeignet? Was verabreden wir noch?

Zuerst können einzelne Kinder die Gelegenheit erhalten, als Solisten den anderen ihr persönliches „Nachtinstrument" mit ihrer eigenen „Nachtmusik" vorzuspielen.

Dann verteilen wir in unserem Zimmer die Spieler mit ihren Instrumenten so, daß rundum, aus allen Ecken dunkle Nachtklänge zu hören sind und sich die hellen Sternenklänge dazwischen plazieren. Wandern einige Sterne auch? Auf alle Fälle gibt es „Milchstraßenspaziergänger" – da, wo sie gerade gehen, werden die Sternenklänge zu hören sein, rundum – die dunkle Nacht klingt immer. Aufgaben- und Instrumententausch nicht vergessen!

Tip: Will man dem Spiel (und vielen Spielen ähnlicher Art) eine festere und für die Kinder klarere Form geben, kann man das von *Wilhelm Keller* so benannte und vorgestellte *Schallmosaikspiel* in zwei Formen anwenden:
1. Ein kleines Motiv (ein „Spielmuster") – hier z. B. benannt als ein kurzer „Sternenruf" – wird von jedem Mitspieler dreimal ins Spielgeschehen eingebracht. Wann jeder spielt, bleibt ihm überlassen – er kann kurze oder längere Pausen zwischen seinen persönlichen „Sternenrufen" machen. Wenn alle ihre drei „Muster" gespielt haben, ist das Stück beendet.
2. Etwa fünf Kinder sitzen nebeneinander in einer Reihe und

spielen nacheinander jedes seinen „Sternenruf". Der Nächste muß immer solange warten, bis sein Vorgänger wirklich fertig ist. Hat jeder einmal gespielt, erklingt die Reihe gleich noch einmal. Diese Reihung von Motiven ist besonders für kleine Kinder vorteilhaft, weil sie einen guten Überblick über den Spielverlauf erhalten.

4.5.2.3 Klanggeschichte: „Der Regenmacher"

Spielbaustein:
Manchmal passiert es, daß im Sommer viele Wochen lang die Sonne scheint. Das ist schön für die Kinder, die baden gehen wollen, aber schlecht für die Bauern, die Tiere des Waldes, die Blumen im Garten und auf der Wiese – denn bald schon fehlt ihnen das Wasser, das sie zum Leben und Wachsen brauchen. Eigentlich kann man gar nichts machen – man muß eben warten, bis der Regen kommt. Aber früher haben manche Menschen geglaubt, sie könnten den Regen herbeizaubern, und haben gesagt, daß sie „Regenmacher" seien . . .

Zuerst können wir nur mit unserer Stimme versuchen, alle Geräusche und Klänge zu imitieren, die ein richtig gutes Regenwetter so braucht: Da wird es tröpfeln und tropfen, wehen und rauschen – in vielen Variationen.

Dann suchen wir uns viele Instrumente und klingende Materialien, und der „Regenmacher" bekommt einen Regen(dirigenten)stab und darf überlegen, welchen Regen er dieses Mal „machen" will. Vielleicht erfinden alle gemeinsam auch einen Regenmacherspruch, der z. B. so beginnen könnte:
> „Die Sonne scheint schon hundert Tage
> für die Tiere eine Plage!
> Regentropfen kommt hervor,
> fällt durchs große Wolkentor."

4.5.2.4 Klanggeschichte: „Der kranke Nußknacker"

Spielbaustein:
Kennt ihr die Nußknacker, die wie kleine Soldaten aussehen?
So einem bin ich neulich begegnet. Er war ziemlich traurig,
denn er fühlte sich krank und nutzlos, da sein Kiefergelenk
klemmte und er keine Nüsse mehr knacken konnte. Man hatte
ihn schon in eine Ecke des Regals gestellt und schließlich
ganz vergessen, weil man inzwischen einen modernen, neuen
Nußknacker aus Eisen gekauft hatte. Aber eines Tages . . .

Zuerst hören wir einmal ganz genau hin, wie der arme
kranke Nußknacker mit seinem klemmenden
Kiefergelenk klingt, er macht:
> „Knick knack knaaatsch,
> knick, knack knaaatsch.
> Nüsseknacken geht nicht mehr,
> holt mir doch den Doktor her!
> Knick, knack knaaatsch,
> knick, knack knaaatsch!"

Dann lassen sich rund um den kranken Nußknacker
viele Geschichten erfinden – die Kinder werden
gerne dabei helfen. Vielleicht macht sich der
kranke Nußknacker auf und davon und trifft dabei auf viele andere kranke Nußknacker. Und da
sie keine Nüsse mehr knacken können, gründen
sie ein „Knack-knaatsch-Orchester" (. . . eine Bre-
mer Stadtmusikanten-Variation) – und alle Instrumente, die so hölzern knacken und knatschen und
klappern können wie Nußknackerzähne, werden
in diesem Orchester mitspielen und sich eine pas-
sende Musik „ausdenken".

4.5.2.5 Klangbild: „Wir bauen eine Musikmaschine"

Spielbaustein:
Das wird eine tolle Maschine werden, die zu nichts nütze ist, nichts baut und nichts saubermacht, nicht fahren kann und auch nicht fliegen, die aber allen Menschen, die sie zu sehen und vor allem zu hören bekommen, sehr viel Spaß machen kann. Sie sieht auch toll aus und schmückt unser Zimmer. Wenn im Sommer die Sonne scheint, kann sie auch im Garten stehen und unser Sommerfest verschönern . . . Wer will mal auf den blauen Knopf drücken, wer auf den roten? Laßt euch überraschen, was dann alles passiert!

Zuerst werden Erzieherin und Kinder im Kindergarten einen Platz bestimmen, wo alles gesammelt wird, was für die Musikmaschine verwendet werden soll. Auch die Eltern werden informiert und um „klingende Spenden" aller Art gebeten (hat jemand z. B. ein altes Kuchenblech zu Hause herumstehen, eine einsame Radkappe oder eine schöne Metallröhre? Auch ein Stück Ofenrohr ist nicht zu verachten!) Größere und kleinere Hölzer können gut klingen, wenn sie aufgehängt und angeschlagen werden, und dazwischen werden dann vielleicht noch eine Fahrradklingel und eine Hupe montiert (verwandt ist die Musikmaschine auch mit allerlei „Klingeleien" – siehe S. 126ff).

Dann können die Kinder „Baupläne" für die geplante Musikmaschine malen. Sie sollen Gelegenheit erhalten, den anderen Kindern genau zu erklären, was bei ihrer Musikmaschine alles klingt.
Wo soll jetzt der „rote Knopf" hin, und was passiert, wenn an dem grünen Band gezogen wird? Wie verbinden wir die klingenden Gegenstände miteinander, darf man sich vielleicht etwas wünschen, wenn die Maschine ihr ganz besonderes „Lied" zu spielen beginnt? Fragen über Fragen –

lassen Sie die Kinder ihre eigenen Antworten finden!

4.5.3 Klänge malen – Musik schreiben

**In vielen Spielsituationen lassen sich Klänge nicht nur spielen
und hören, sondern auch malen und aufschreiben. Das mag
manche Erzieherin verunsichern – aber auch hier gilt:
Scheuen Sie sich nicht, neue Erfahrungen zu machen –
manchmal auch mit den Kindern gemeinsam! Hier sollen einige exemplarische Situationen bewußt gemacht werden, in
denen „alles, was klingt", auch zu Papier gebracht werden
kann. Auch umgekehrt macht der Titel Sinn: Lassen Sie einmal Musik malen und Klänge schreiben!**

Zuerst malen alle Kinder im Vorschulalter generell die
Instrumente, die sie sehen, während diese klingen.
Also lassen Sie die Kinder zunächst auch nach
Lust und Laune Rasseln, Trommeln, Triangeln,
Gitarren, Klavier und Trompeten malen!

Dann werden sie von selbst allmählich beginnen,
Geräusche, Klänge und Töne, die aus diesen Instrumenten herauskommen, zu visualisieren. Fragen Sie hin und wieder nach, wo denn bei der
Trommel die Töne herkommen und wie die aussehen könnten . . . (Siehe dazu auch die Abbildungen auf S. 36f.)

Schließlich können viele der beschriebenen Spielsituationen
Anreiz bieten, den „Weg der Töne", den „Tanz
der Klänge", die „Zeichen der Klopfgeister", die
„Reise der Regentropfen", das „Konzert der
Nußknacker" und vieles andere mehr aufzumalen
und aufzuschreiben – graphische Partituren ent-
stehen.
Aber es können auch einmal einfach nur Papier

und Farben ausgeteilt werden, und es erklingt Musik (an verschiedenen Tagen kann nach und nach den Kindern Musik aus diversen Zeiten und Ländern angeboten werden) – die Kinder dürfen malen, was ihnen in den Sinn kommt. Beobachten Sie die Kinder dabei und lassen Sie ihnen genug Zeit!

Zuletzt werden die Kinder sich auch mit Interesse einmal mit der Erzieherin zusammen anschauen, wie erwachsene Musiker die Musik aufschreiben und aufmalen. Dabei kann ganz beiläufig erzählt werden, daß man das Aufschreiben und Lesen von Musik genauso lernen kann wie das Aufschreiben und Lesen von Buchstaben und Wörtern.

Und später könnten Kinder neben dem Herstellen und Lesen von graphischen Partituren aller Art durchaus auch schon eine Einführung in das Lesen von „Rhythmischen Bausteinen" erhalten. Dazu muß sich eine Erzieherin aber befähigt fühlen und sich das entsprechende didaktische Material eventuell aus Konzepten für die Musikalische Früherziehung, wie „Musik und Tanz für Kinder", verfügbar machen oder die Zusammenarbeit mit einer Kollegin, einem Kollegen aus der örtlichen Musikschule anstreben.

4.6. Begegnung mit Musikern

Es geht nicht so sehr darum, *wo* die Kinder Musiker treffen, als vielmehr, *daß* sie einen zu Gesicht und zu Gehör bekommen! Hier sollen einige Orte beschrieben werden, an denen einem mit ziemlicher Sicherheit ein musizierender Mensch über den Weg läuft ...

4.6.1 Konzert im Kindergarten

Das Beste ist natürlich, die Musiker kommen zu den Kindern in den Kindergarten. Spielen Sie selbst ein Instrument (es muß nicht konzertreif sein!), dann *spielen* Sie doch mal „Konzert". Nehmen Sie die Gitarre, die Blockflöte, die Geige, das Akkordeon usw. zur Hand, stellen Sie einen Notenständer auf und die Noten darauf (auch wenn Sie auswendig spielen sollten), bereiten Sie gemeinsam mit den Kindern die Stuhlreihen für das Publikum vor, lassen Sie jemanden mit einem kleinen Glöckchen dreimal klingeln, kommen Sie herein, verbeugen Sie sich und spielen Sie zwei kleine Stücke – der Applaus wird Sie überwältigen!

Die Möglichkeit, Eltern ein Konzert geben zu lassen, wurde vorne bereits beschrieben (siehe S. 41f), die Kooperation mit der örtlichen Musikschule ist ein weiterer Weg, um Ensembles, in diesem Fall vor allem mit musizierenden Kindern, einzuladen.

4.6.2 Wir besuchen die Musikschule

Verabreden Sie einmal einen Besuch in der örtlichen Musikschule – allerdings findet der meiste Instrumentalunterricht dort am Nachmittag statt. Gruppenunterricht zur *Musikalischen Früherziehung* wird auch manchmal vormittags angeboten. Die Kinder können „Mäuschen" spielen, um einmal dabei zu sein, wenn jemand ein Instrument lernt, sie können aber auch eine öffentliche Veranstaltung der Musikschule mit ihrer Erzieherin und einigen Eltern besuchen, die über die verschiedenen Angebote der Musikschule von der Früherziehung bis zum frühen Instrumentalunterricht informiert. Vielleicht ist aber auch eine Kooperation zwischen Musikschule und Kindergarten geplant, und die Kinder bekommen von einer Lehrerin der Musikschule eine „Probelektion" – auch die Eltern sind dazu eingeladen – und können sich danach entscheiden, ob sie in Zukunft eine Stunde in der Woche einen solchen Unterricht besuchen wollen, der von der Musikschullehrerin dann in den Räumen des Kindergartens angeboten und von den Eltern extra bezahlt wird.

4.6.3 Wir besuchen eine Probe/ein Konzert

Fragen kostet nichts! Rufen Sie mal im Stadttheater, im Konzerthaus oder beim Kulturamt an, und bringen Sie Ihr Anliegen vor, mit 20 Kindern einen Proben- oder Konzertbesuch (Vormittags- oder Nachmittagstermin) machen zu wollen. Vielleicht findet auch im Sommer eine Freilichtaufführung im Kurgarten statt? Falls Sie auf völliges Unverständnis stoßen, regen Sie an, einmal eine Konzertreihe speziell für kindliches Publikum einzurichten. In größeren Städten finden Sie das sowieso – aber auch Kleinstädte haben interessierte Kinder!

Nach einem solchen Erlebnis, ist das *Konzertspiel* im Kindergarten natürlich besonders reizvoll (s. o.), wobei nun auch Kinder die Künstler sein und mit Instrumenten ihrer Wahl ein *Solo- oder Orchesterkonzert* geben können . . .

4.6.4 Wir besuchen eine Kirche

In fast jeder Kirche können wir die „Königin der Instrumente",
die Orgel, besichtigen. Hier genügt ein Anruf beim Pfarrer bzw.
Kantor, damit man einen Termin vereinbaren kann, um dieses
imposante Instrument anschauen und anhören zu können. Im
Rahmen dieses Besuches können sich Kinder und Erzieherin
auch als kleiner Chor bewähren – denn in einer Kirche mit (zar-
ter) Orgelbegleitung klingen unsere Stimmen besonders schön.
Wieder zurück im Kindergarten, sollten die Kinder unbedingt
Gelegenheit erhalten, in aller Ruhe eine Orgel zeichnen zu können – oder auch etwas anderes, was sie in der Kirche besonders
beeindruckt hat.

4.6.5 Wir besuchen einen Straßenmusiker

Alles, was klingt, interessiert uns! Wenn uns unser Spaziergang
in der warmen Jahreszeit mal in die Stadt führt, begegnen wir
vielleicht auch Straßenmusikern. Manchmal sind es Studenten,
die auf diese Weise den öffentlichen Auftritt proben, dann sieht
man aber auch junge Menschen aus aller Welt, die mit zum Teil
fremdartigen Instrumenten selten zu hörende Musik spielen und
sich auf diese Weise ein wenig zu ihrer Reisekasse dazuverdie-
nen. Kinder können dann lange stehenbleiben, zuhören und zu-
schauen, was ihnen da geboten wird. Eltern zieht es bald weiter,
oft fehlt die Zeit, um den Wünschen der Kinder nachzugeben.
Aber die Erzieherin kann sich diese Zeit nehmen und sie den
Kindern zum intensiven Zuhören gönnen.

Nachklang

Dorothee sagt: „Wenn man so will, ist das eine Geige!"

Im Kindergarten sind Erzieherinnen und Kinder zwei bis drei
Jahre lang, viele Tage und Wochen im Jahr, zwischen drei und
sechs (und mehr!) Stunden am Tag zusammen. Manche Kinder
sehen ihre Erzieherin in einer normalen Woche länger als ihre
Eltern . . . So wie mir meine Augen und Ohren in der Kindheit
noch von meinen Eltern geöffnet wurden, da ich das Glück
hatte, in einem Elternhaus aufzuwachsen, in dem der Vater die
Schlaflieder komponierte, die die Mutter uns dann am Abend
vorsang, so müssen ähnliche Aufgaben heute von den Erzieherinnen übernommen werden.

Nehmen Sie diese Herausforderung an! Dieses Buch wurde
geschrieben, um Ihnen viele Anreize zu geben, sich das Spiel mit
allem, was klingt, mit Freude zuzutrauen. Lesen Sie und horchen Sie den Sätzen nach – hören Sie, wie es klingt?

Anhang

I. Anregende Literatur

Bächli, Gerda: Der Tausendfüßler. Spiellieder, Tanzlieder, Lernlieder, Lieder zum Darstellen. Zürich (Hug) 1977.

Berzheim, Nora: Kinder gestalten mit Sprache, Gestik, Musik und Tanz. Donauwörth (Auer) 1978.

Große-Jäger, Hermann: Freude an Musik gewinnen. Erprobte Wege der Musikerziehung im Kindergarten. Freiburg (Herder) 1983.

Haselbach, B./Nykrin, R./Regner, H. (Hrsg.): Musik und Tanz für Kinder. Unterrichtswerk für die Früherziehung und Grundausbildung. Mainz (Schott) 1985–1990.

Keller, Wilhelm: Ludi musici Bd.I: Spiellieder; Bd. II: Schallspiele. Boppard/Rhein und Salzburg (Fidula) 1970/1972.

Kreusch-Jakob, Dorothée: Das Musikbuch für Kinder. Ravensburg (Maier) 1992.

Schwarting, Jutta: Da Capo – Klingende Geschichten. Boppard/Rhein und Salzburg (Fidula) 1976.

Widmer, Manuela: Sprache spielen. Vom Kinderreim zur Spiel-
szene. Modelle zum spielenden Gestalten mit Musik und
Tanz in Kindergarten und Elternhaus, angeregt durch verschiedene Sprachformen. Donauwörth (Auer) 1994.

Instrumentenbau:

Becker, Ingeborg: Musikinstrumente bauen und spielen. Freiburg (Christophorus/Brunnenreihe 209) 1983.

Eckert, Alex: Das große Instrumentenbastelbuch. Liestal (Schö-
nenberger) 1979.

Martini, Ulrich: Musikinstrumente – erfinden, bauen, spielen.
Anleitungen und Vorschläge für die pädagogische Arbeit.
Stuttgart (Klett) 1980.

II. Adressen (Fortbildung, Instrumente)

Wer musikalische Gruppenimprovisation selbst kennenlernen
will, kann sich bei folgender Adresse über Kurse informieren,
die entweder von *Matthias Schwabe* oder anderen erfahrenen
Kursleitern des von *Lilli Friedemann* gegründeten „Ringes für
Gruppenimprovisation" durchgeführt werden:

Ring für Gruppenimprovisation
Matthias Schwabe
Wilskistraße 56
14163 Berlin

Über Kurse, die allerlei Themen rund um die Elementare
Musik- und Bewegungserziehung – auch speziell für Erzieherinnen – anbieten, informieren folgende Einrichtungen:

Musik + Tanz + Erziehung
Orff-Schulwerk Gesellschaft Deutschland e.V.
Hermann-Hummel-Straße 25
82166 Lochham bei München

Internationale Gesellschaft für musikpädagogische Fortbildung
e.V. (IGMF)
Postfach 2020
57312 Bad Berleburg

Arbeitsgemeinschaft für Elementare Musikerziehung e.V.
(AGEM)
Volker Ell-Werth
Heidelberger Straße 89
64285 Darmstadt

Orff-Institut, Salzburg
Internationale Sommerkurse für Musik- und Tanzerziehung
Aus- und Weiterbildung für Musik- und Tanzerziehung
Frohnburgweg 55
A-5020 Salzburg/Österreich

Orff-Instrumente, neu entwickelte Schlaginstrumente sowie Instrumente aus aller Welt, Instrumentenprospekte mit Preislisten sowie Servicehefte mit diversen Informationen sind bei folgenden Firmen zu bestellen:

STUDIO 49, Musikinstrumentenbau GmbH
Postfach 1168
82153 Gräfelfing bei München
(auch Streichpsalter!)

SONOR – Link GmbH
Ein Unternehmen der Hohner Gruppe
Postfach 2020
57312 Bad Berleburg
(auch Holzschlitztrommeln verschiedener Größen!)

Schlagwerk – Klangobjekte
Brunnenstraße 7 A
73312 Geislingen an der Steige
(vor allem neu entwickelte Holzinstrumente aller Art)

AFROTON
Michael Röttger
Rüsselsheimer Straße 22
60326 Frankfurt/M.
(ethnische Instrumente aus aller Welt)

Informationen über Kurse zum Selbstbau (z. Tl. auch Kauf fertiger Instrumente möglich) und Spiel Elementarer Saiteninstrumente können Sie bei folgenden Adressen anfordern:

Klangwerkstatt
Karl Riedel und Christoph Löcherbach
Hauptstraße 22
86865 Markt Wald

Freies Musikzentrum München (FMZ) e.V.
Ismaningerstraße 29
81675 München

Praxisbuch Kindergarten

Für Ausbildung und Beruf

Sozial-Emotionale Erziehung

Ingeborg Becker-Textor
**Schwierige Kinder gibt es nicht
– oder doch?**
„Problemkinder" im Kindergarten
ISBN 3-451-21451-2

Monika Bröder
Das erste Jahr im Kindergarten
Anregungen und Hilfen für einen gelungenen Start
ISBN 3-451-26200-2

Monika Bröder/Ulrike Hilbich
Das letzte Jahr im Kindergarten
Entwicklungsgerecht begleiten
ISBN 3-451-22764-9

Volker Friebel
Wie Stille zum Erlebnis wird
Sinnes- und Entspannungsübungen im Kindergarten
ISBN 3-451-23556-0

Heidi Friedrich
Beziehungen zu Kindern gestalten
Einsichten und Übungen für den Alltag
ISBN 3-451-22960-9

HERDER

Im Buchhandel erhältlich!

Praxisbuch Kindergarten

Für Ausbildung und Beruf

Kreativität - Musik - Bewegung

Heike Baum
Kleider, Masken, Rollenspiel
Darstellende Spiele für den Kindergarten
ISBN 3-451-22812-2

Ingeborg Becker-Textor
Kreativität im Kindergarten
Anleitung zur kindgemäßen Intelligenz-
förderung im Kindergarten
ISBN 3-451-21197-1

Waltraud Fink-Klein
Märchen mit Musik und Bewegung
Rhythmisch-musikalische Spielgestaltung
für Kinder von 5-7 Jahren
ISBN 3-451-23531-5

Fink-Klein/Peter-Führe/Reichmann
Rhythmik im Kindergarten
Erlebnisreiche Spielformen mit Musik-Bewegung-Sprache
ISBN 3-451-20127-5

Hermann Große-Jäger
Freude an Musik gewinnen
Erprobte Wege der Musikerziehung im Kindergarten
ISBN 3-451-19326-4

Toncassette **Freude an Musik gewinnen**
ISBN 3-451-20024-4

HERDER

Im Buchhandel erhältlich!

Praxisbuch Kindergarten

Für Ausbildung und Beruf

Organisation und Planung

Almuth Künkel
Streßbewältigung im Kindergarten
Wie Sie sich dauerhaft vor Überlastung schützen können
ISBN 3-451-26137-5

Almuth Künkel/Rita Watermann
Management im Kindergarten
Grundlagen für Leitungsaufgaben
ISBN 3-451-23001-1

Brunhilde Schütt
Anleiten im Praktikum
Grundlagen, Situationsanalyse, erprobte Wege
ISBN 3-451-22927-7

Martin R. Textor (Hg.)
Elternarbeit mit neuen Akzenten
Reflexion und Praxis
ISBN 3-451-23002-X

Martin R. Textor
Projektarbeit im Kindergarten
Planung, Durchführung, Nachbereitung
ISBN 3-451-22785-1

Im Buchhandel erhältlich!

HERDER